爆笑!古代学霸笔记!
先秦至隋卷
何捷／主编

中国致公出版社·北京

像玩穿越一样学古文

何 捷

中国坐拥五千年的浩瀚历史，孕育着灿烂辉煌的优秀古代文化。每一个宝贵的历史文化宝藏，都凝结着古人的才情与智慧。所有的家长和老师们都希望孩子们能像中国古代的"学霸"们一样，学富五车，才高八斗。

然而，正所谓"天下苦文言文久矣"，古文一直都是个老大难的问题。历史文化知识虽好，却也有着一定的学习门槛。想要用轻松、有趣、生动、高效的方式来学习古代文化、积累文史知识，可不是一件容易的事。

为了改变这一现状，让孩子们获得更加高效的学习途径，我们的这套《爆笑！古代学霸笔记！》应运而生了。

读这套书，就像玩穿越——很真实，很有趣，很愉快。

当你第一眼看到《爆笑！古代学霸笔记！》的名字时，你就知道，它绝对非比寻常、与众不同！这是一套生动有趣、寓教于乐的文史知识类丛书。如果你再打开书本，一股清新之感就扑面而来，生动有趣的语言文字疯狂吸睛，精彩形象的漫画配图夺人眼球，用孩子最喜闻乐见的方式学习有门槛的文史知识，简直是四两拨千斤。

本套书不但形式新颖、阅读无压力，内容上还很具有系统性。

全套书以历朝历代最具有代表性的重要历史文化名人为轴，纵向介绍

　　了关于古代学霸们的生平故事，横向拓展了他们的所学所想，囊括了他们的人际交往、八卦趣闻等相关知识，可谓是包罗万象，极大地丰富了孩子们的知识面。

　　正是因为这套丛书将有趣形式和丰富内容有机结合，才让孩子在轻松愉快的阅读中就潜移默化地记忆乃至掌握相关的知识。当然，读本套书的最终目的，仍是帮助孩子们更好地理解和掌握中国传统文化知识，不但可以有效提高学习效率，还可以拓展学习维度。

　　在古代，学霸们不但是"中国N大杰出青年代表"，还是国家最优秀的储备人才。他们不仅聪明，而且勤奋好学，拥有广博的知识和卓越的技能。通过本书的学习，我们可以隔空向学霸们取经求教，偷师学习方法，共享他们的经验，了解大师的见解和体会。

　　总之，《爆笑！古代学霸笔记！》是一套兼顾了实用性和趣味性的书籍，如果你想要快速提高自己的文史知识储备，不妨阅读本套丛书，从中汲取古人的智慧，相信它会对每个孩子的学习生活产生积极的影响。

　　祝福孩子们，阅读愉快，学有所得！

目 录

第 1 章
老子、孔子——
儒道 CEO 的高峰论坛　　 1

第 2 章
庄子、惠子——
最佳辩手的"奇葩说"　　 15

第 3 章
董仲舒、司马迁——
"明星师徒"的开挂人生　　 29

第 4 章
曹操、诸葛亮——
"三国好父亲"冠军候选人　　43

第 5 章
曹丕、曹植——
一生"斗气"的"豆萁"兄弟　59

第 6 章
贾谊、晁错——
大汉朝"智能双核CPU"　73

第 7 章
谢灵运、陶渊明——
开山鼻祖间的巅峰对决　85

第 8 章
嵇康、阮籍——
"竹林七贤"男团的双C位　99

第 1 章

老子、孔子——
儒道 CEO 的高峰论坛

老子
昵称：名耳，字聃
地区：今河南鹿邑

（约公元前 571 年—公元前 471 年）

主要成就： 中国古代思想家、哲学家、文学家、史学家，道家学派创始人，与庄子并称"老庄"，曾被列为世界百位历史名人之一。传世作品《道德经》（又称《老子》），是全球文字出版发行量最大的著作之一。

朋友圈： >

添加到通讯录

孔子
昵称：名丘，字仲尼
地区：今山东曲阜

（公元前 551 年—公元前 479 年）

主要成就： 中国古代伟大的思想家、政治家、教育家，儒家学派创始人，被后世尊为"大成至圣先师"，被列为"世界十大文化名人"之首。弟子及再传弟子将其言行语录和思想记录整理编成《论语》，被奉为儒家经典。

朋友圈： >

添加到通讯录

爆笑！古代学霸笔记！

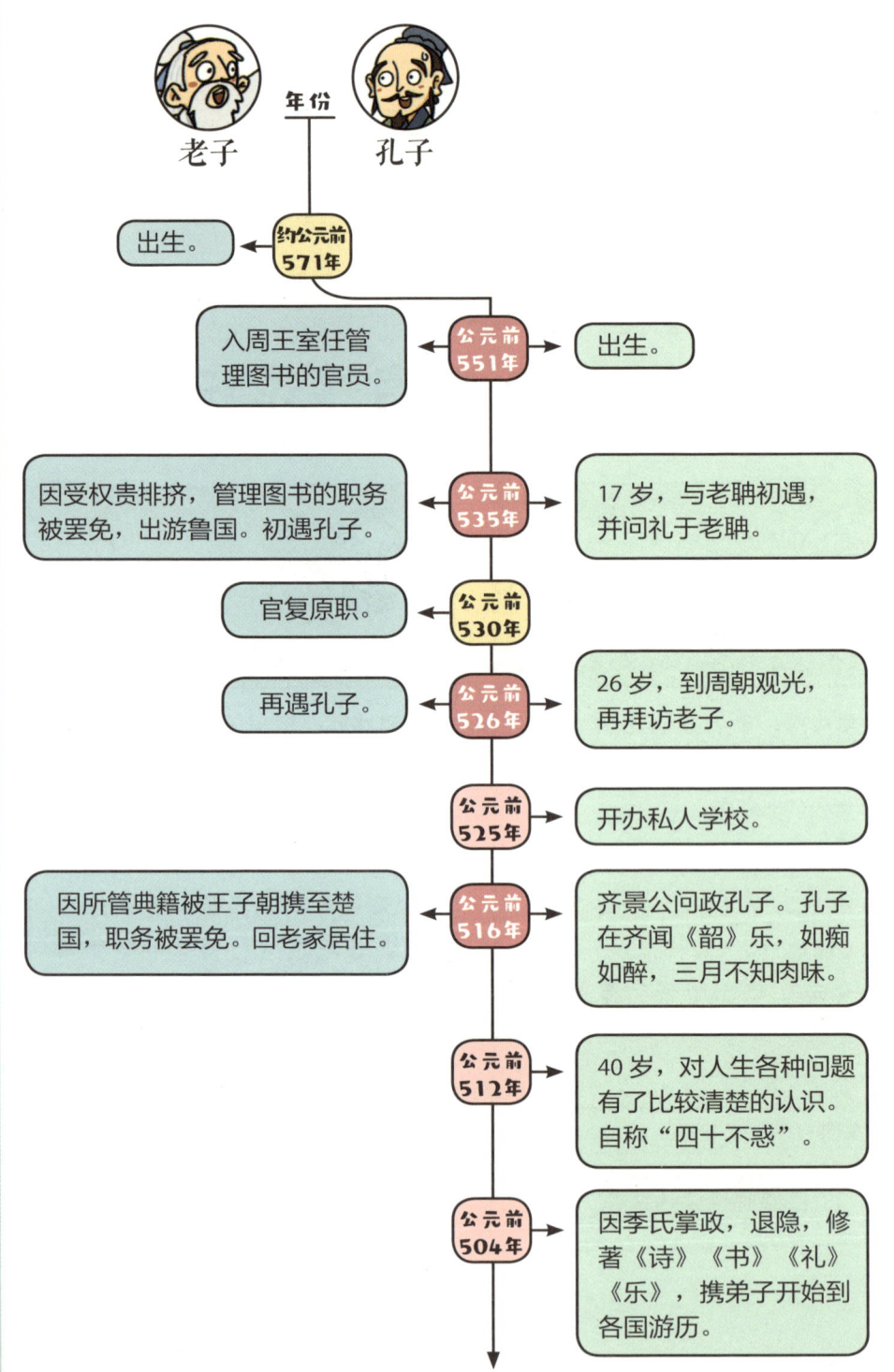

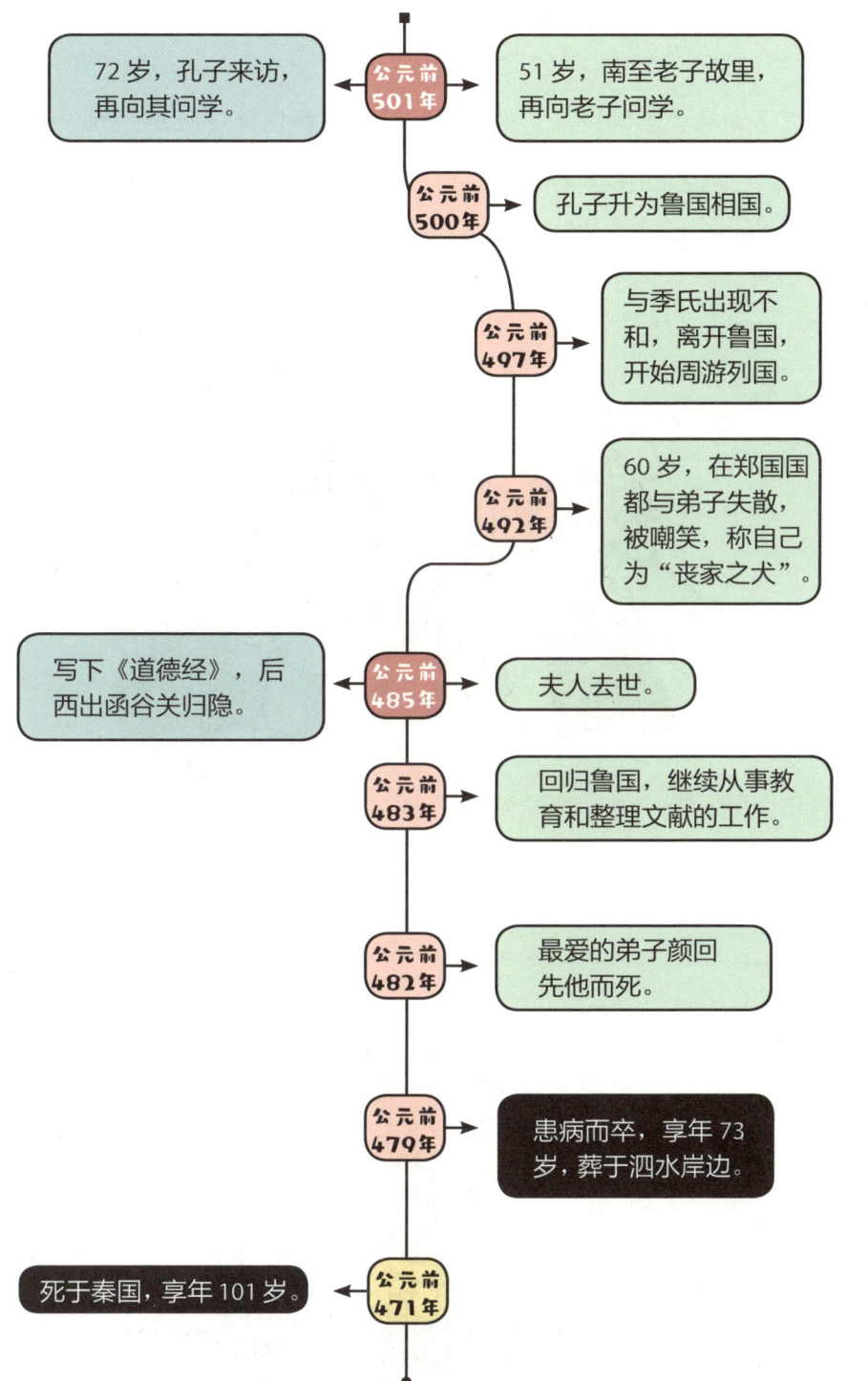

★一个皇家图书馆馆长，红了！

据说老子从小聪明过人，就连"名师"商容也无法应对他的"十万个为什么"。在商容的引荐下，他来到了国都洛阳，拜周朝太学博士为师，并在皇家图书馆里工作。

三年之后，老子的知识储备越来越丰富，还当上了图书馆馆长，并且有了不少追随者，成了新晋知识博主，其先进事迹登上了周王朝各大新闻媒体头版头条。消息传到了鲁国的孔子的耳朵里，他决定向老子求学。

★ "双子星"历史性的会面

好学的孔子一路风尘仆仆，公元前526年，华夏大地上两位文化"大咖"——孔子与老子，这闪耀的"双子星"终于历史性地会面了。然而，原本想向偶像学得周礼精髓的孔子，万万没想到自己竟然会被老子教训了一番。

老子曰："子所言者，其人与骨皆已朽矣，独其言在耳……"
——《史记·老子韩非列传》

从老子的话里得知，老子虽然干着皇家藏书管理这一行，但兴趣不大，认为这些藏书里记载的都是古人留下的话，而说话的"人与骨"皆已不存在了，没有必要花太多精力去学了。

★ 论水：打了千年的口水仗

离别的时候，老子对孔子这个年轻人还是不放心，他希望孔子能够谦虚谨慎，要学会聪明地把自己"藏"起来，不要太引人瞩目，这样才有机会去实现自己的理想抱负。

老子曰："吾闻富贵者送人以财，仁人者送人以言。吾不能富贵，窃仁人之号，送子以言……"

——《史记·孔子世家》

老子和孔子两人看待世界的角度完全不同。比如看水，孔子就感叹："逝者如斯夫"，时间就像水一样流逝不返。而老子却说："上善若水"，最善的人就好像水一样，滋润万物而不与万物相争。

别看两人在论水，但知识量可一点也不"水"，两人打的"口水仗"，也引得后世无数儒、道两派的"水军"争论不休。

上善若水，水善利万物而不争。处众人之所恶，故几于道。

——《道德经》

姜还是老的辣！听了前辈的教诲，回到鲁国后，孔子开始学习如何收敛自己的锐气。开始慢慢赢得更多人的喜欢。

★ 同样的时代，不同的药方

老子和孔子这对"双子星"，虽然他们都生活在礼崩乐坏的春秋末期，都希望天下太平、百姓安居乐业，但是开出的药方却大不一样。

老子的关键词是"道"，提出"道法自然、无为而治"的主张。

道可道，非常道。……人法地，地法天，天法道，道法自然。
——《道德经》

孔子的关键词是"仁"，提出了"仁者爱人，积极有为"的主张。

子曰："仁者爱人……志士仁人，无求生以害仁，有杀身以成仁。"
——《论语》

老子希望人人返璞归真，保持初心，追求个性自由，道法自然，才是圣人；孔子希望大家约束自己，培养仁义，重视家庭伦理，成为君子。

★ 道家，儒家，最终都是作家

公元前 485 年，老子看到周王朝日渐衰落，骑着心爱的老黄牛准备向西出函谷关，四处云游。把守函谷关的长官尹喜夜观星象，发现紫气东来，终于等来正准备出关隐居的老子，硬是留他写下了洋洋五千字的巨著《道德经》。

孔子则在前途迷茫、人生失意的时候,带着一帮弟子周游列国,一边教书教礼,一边游说诸侯,希望自己的宏图大愿能得到明君赏识。

经历了 14 年的列国周游,归来的孔子重操旧业,私人学校越办越大,弟子的数量已经达到 3000 人,优秀毕业生达到 72 人。越来越多的弟子协助他整理各类典籍、文章,并记录下他与学生的思想、言行语录。就这样,儒家经典《论语》慢慢写就了。

学霸笔记

论语（节选）	注释
君子坦荡荡①，小人长戚戚② 君子喻于义，小人喻于利 君子求诸③己，小人求诸人 君子周而不比，小人比④而不周⑤ 君子和而不同，小人同而不和 君子泰而不骄⑥，小人骄而不泰	①坦荡荡：心胸光明开朗，神闲气定。 ②长戚戚：斤斤计较，患得患失，经常愁眉苦脸。 ③诸：之于。 ④比：排除异己，私心对待。 ⑤周：公正之心对待众人，一视同仁。 ⑥泰而不骄：泰然自若而不骄傲。

★ 巧用对比显主题

对比手法是比较常用的写作方法。通常情况下，是把两件事或者一件事的两个方面放在一起进行比较，让读者可以在比较中分清是非，让文章所表达的主题更加鲜明。

孔子是运用对比手法的高手！在这一组关于"君子"和"小人"的论述中，他就采用了横向对比的方式，将"君子"和"小人"不同的表现展现在读者的眼前，让人能迅速做出判断，对"真、善、美"有更深刻的认识。

第一句是 **神闲气定** 与 **愁眉苦脸** 的对比；

第二句是 **道义优先** 与 **利字当头** 的对比；

第三句是 **严于律己** 与 **怨天尤人** 的对比；

第四句是 **一视同仁** 与 **排除异己** 的对比；

第五句是 **赤诚相见**与**心口不一** 的对比；

第六句是 **安静坦然**与**傲慢无礼** 的对比。

孔子把好与坏、美与丑直接摆在我们的眼前，教会我们"君子"要看"气质"。

可见，善于运用对比，可以更好地把文章的中心突出，增加文章的可读性，吸引读者的注意力。

学霸小剧场

朋友圈

孔子
此次洛阳访学,真是不虚此行,收获满满啊!老聃哥哥的学识渊博,他的高度我是真的无法企及了,简直像天上的龙一样捉摸不定,变化多端。我心中的YYDS!

山东·曲阜

♡ 子路、颜回、南宫敬叔、孟懿子、曾点

💬 **孟子**:一个是智慧大师,一个是道德大师。都是棒棒哒!不过,我更喜欢您!比心!

庄子:@孟子,在我心中,老子才能称得上是博学而伟大的"真人"!

司马迁:高山仰止,景行行止。您就是我心中的至圣。吾虽不能至,然心向往之。

第2章

庄子、惠子——最佳辩手的"奇葩说"

 **庄子**
昵称：名周
地区：今河南商丘

（约公元前369年—约公元前286年）

主要成就：战国时期著名思想家、文学家。继老子之后，道家学派的代表人物。与老子齐名，被称为"老庄"。著《庄子》一书，又称《南华真经》。

朋友圈： >

添加到通讯录

 **惠子**
昵称：名施
地区：今河南商丘

（约公元前370年—约公元前310年）

主要成就：战国时期著名的政治家、哲学家。名家学派的开山鼻祖和主要代表人物，也是庄子的最佳辩友。合纵抗秦的最主要的组织者和支持者。

朋友圈： >

添加到通讯录

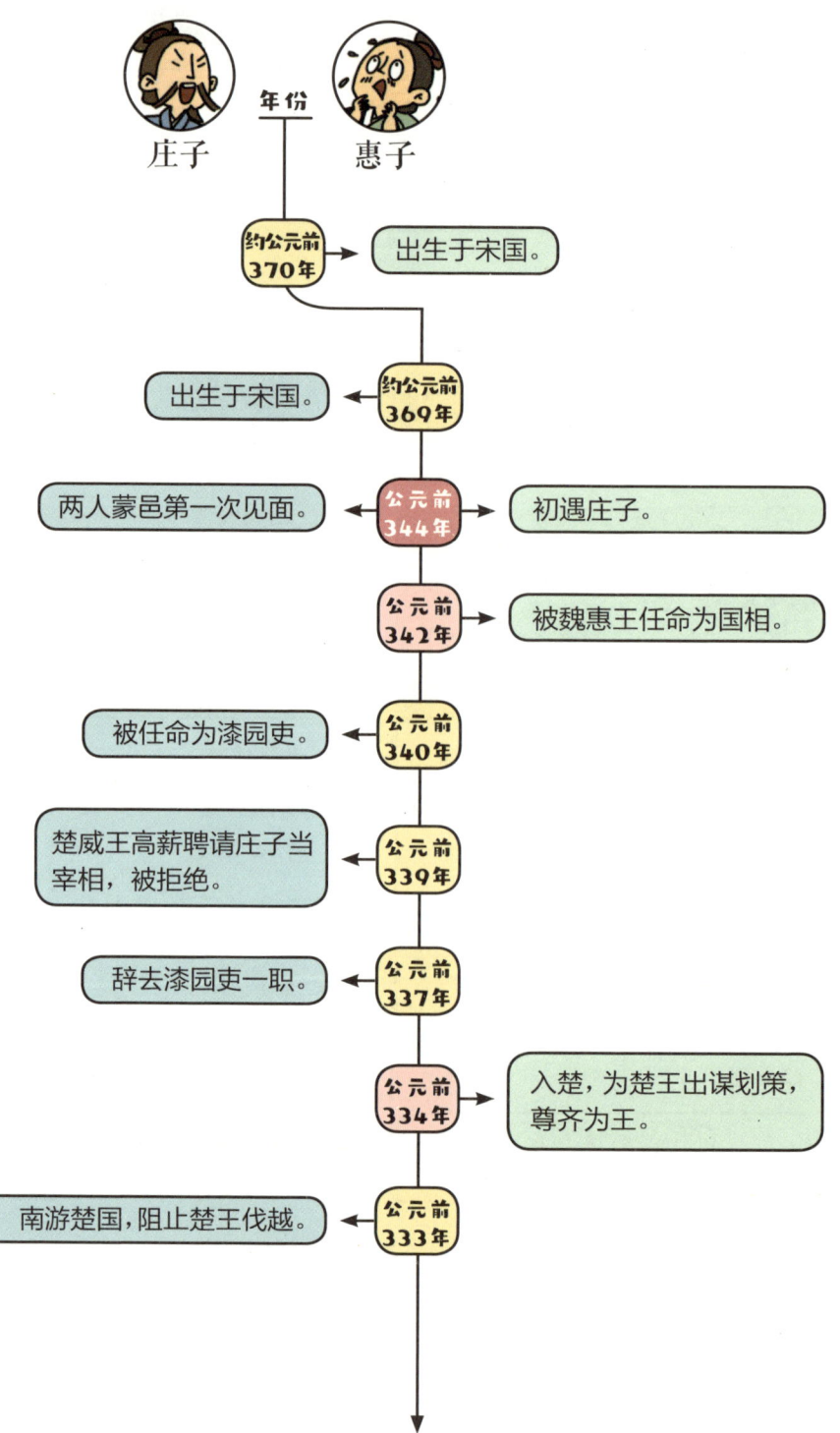

先秦至隋卷

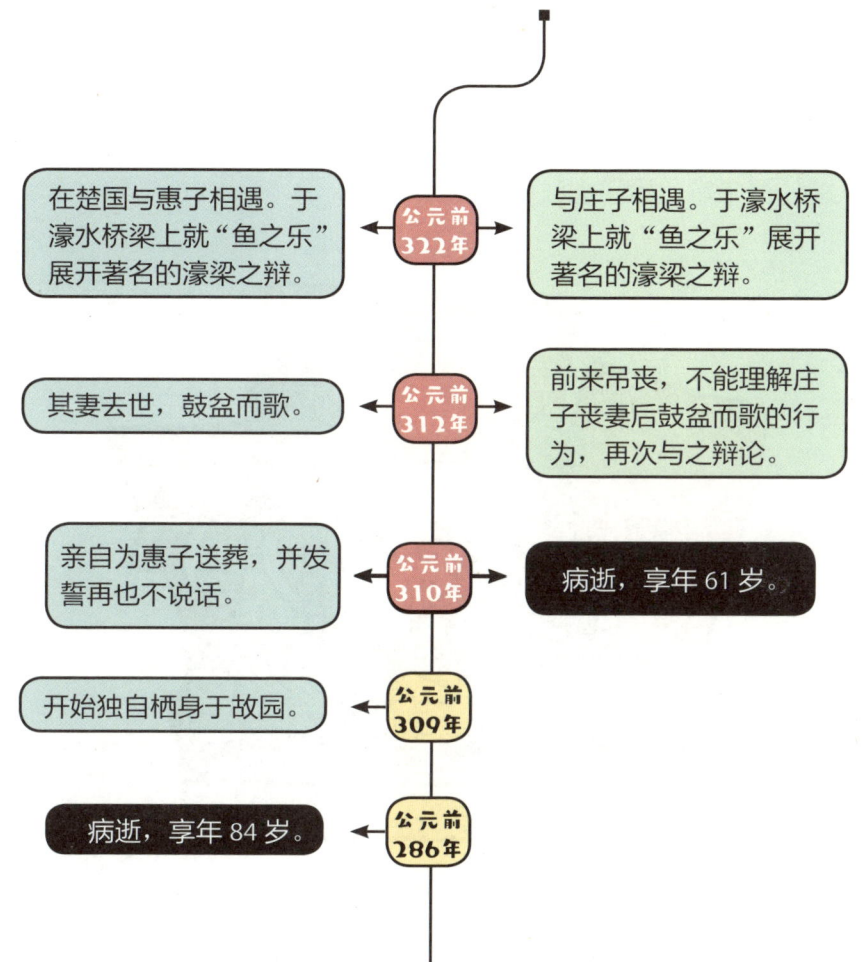

★当"杠精"开启了"互怼模式"

庄子和惠子两人年龄差一岁,两人户籍都在商丘,是名副其实的老乡,两人又都能言善辩,于是开启了常年"互怼模式"。虽然惠子成名更早,但两人的较量常常以惠子失败而告终。

惠子知识渊博,被传"学富五车",魏王的宰相去世后,年纪轻轻的他就被魏王紧急任命为宰相。

庄子这时候还是一介草民。有一次,庄子到魏国看望老乡惠子。惠子却听说庄子是来魏国跟他抢风头的,于是在国都大梁搜索了庄子三天三夜。后来庄子见了惠子,狠狠地"怼"了他一顿:难道你要用你魏国宰相的威严来吓唬我吗?

★一个向往自由的漆园吏

公元前340年,庄子终于被任命为漆园吏。别看这个官小,只是管理漆树园种植与生产的蓝领技术员,但是职责重大,因为生漆可是当时百姓们居家旅行必备之物。庄子本着为百姓服务的初心,很快赢得了百姓们的拥护,成了大家的意见领袖,一副杰出青年的姿态。

楚威王听说了庄子的才气和名气，派使臣带上千金想聘请庄子当宰相。可是喜欢自由的庄子，却硬生生地拒绝了。他对使臣说："你是喜欢当田里自由自在的牛，还是喜欢当太庙里祭祀用的牛？"

后来，他连漆园吏也辞了，没事就和老乡惠施散散步，斗斗嘴，生活很逍遥！

★ 那场和鱼有关的著名辩论

一天，这两位辩手来到濠水上散步，又开启了习惯性的"抬杠模式"。没想到两人的这一次交锋，堪称两千年之抬杠典范。

庄子看到鱼儿在水底自由自在地游，大发感慨，说："你看水里鱼儿多快乐啊！"

惠子说："你不是鱼，怎么知道鱼儿是快乐的？"

庄子说："你不是我，你怎么知道我不知道鱼的快乐？"

惠子说:"那你这个问题,不正是证明我的观点正确吗?"

这一轮,庄子难得地输了。

但庄子说:"我是在濠上感到鱼的快乐的。"

其实,他们俩看世界的方式不同。惠子看到的是逻辑,是现实;而庄子看到的是心灵,是天人合一的快乐。他们俩之间的讨论没有输赢。

爆笑！古代学霸笔记！

★震惊！老婆死了，他竟然这样做……

庄子的妻子去世了，一众亲朋好友都哭了，只有庄子一滴眼泪也没掉，他盘坐在地上，一边敲着瓦盆，一边唱着歌。惠子来祭奠，看到这幅情景，非常生气。

他好不容易抓住机会打击庄子，准备大做文章："太过分了吧！你的妻子跟你生活了一辈子，为你生儿育女。现在她死了，你不哭也就算了，怎么还能打着拍子唱歌呢？"

庄子回怼："老伙计，不是这样说的。她刚死的时候，我怎能不悲伤呢？但是我又想到，老子先生告诉我们，生老病死是天道轮回啊！如果我哭哭啼啼，岂不是不懂得生命的道理吗？"

庄子之所以鼓盆而歌,是因为他看破了生死的本质。

★你走之后,我谁也不 Diss 了

从这以后,庄子更是一发不可收拾,毫不留情地批判惠子格局小(拙于用大《逍遥游》)、批评惠子的见识短(非所以明而明之,故以坚白之昧终《齐物论》)……

面对庄子的批判，惠子用一种人格上的宽厚来回报。然而两人"相爱相杀"的日子在公元前310年戛然而止。这年惠子病逝，享年61岁。庄子亲自送葬，悲伤不已，比自己老婆死的时候伤心多了。

曾经有一份真挚的友情摆在我面前……

从惠子去世这一天起，善于言谈、文思泉涌的庄子发誓再也不开口说话了，不闻不问、不言不语，这样一过就是20年。

"自夫子之死也，吾无以为质矣，吾无与言之矣！"
——《庄子·徐无鬼》

这世间再无能够让我随意开涮的人啦！

晚年的庄子面对汹涌的诸子百家依然意气风发，毫不客气，但是唯有对待惠子创立的名家，没有了年轻时的俯视和傲气，而是多了一丝温情。

学霸笔记

庄子（节选）	注释
惠子相梁①，庄子往见之。或②谓惠子曰："庄子来，欲代③子相。"于是惠子恐④，搜于国中三日三夜。庄子往见之，曰："南方有鸟，其名为鹓鶵⑤，子知之乎？夫鹓鶵发于南海，而飞于北海，非梧桐不止⑥，非练实⑦不食，非醴泉⑧不饮。于是鸱⑨得腐鼠，鹓鶵过之，仰而视之曰：'吓⑩！'今子欲以子之梁国而吓我邪？"	①相梁：在魏国当宰相。 ②或：有人。 ③代：取代。 ④恐：害怕。 ⑤鹓鶵（yuān chú）：鹓鶵为古代传说中像凤凰一类的鸟，习性高洁。 ⑥止：栖息。 ⑦练实：竹实，即竹子所结的籽，因为色白如洁白的绢，故称。 ⑧醴（lǐ）泉：甘泉，甜美的泉水。 ⑨鸱（chī）：猫头鹰。 ⑩吓（hè）：模仿鸱鹰发怒的声音。

★借物喻人显中心

这篇文章以**寓言**的形式，采用**借物喻人**的写作方法，讥讽了惠子醉心于功名富贵的嘴脸，表现了庄子无意于功名利禄的高洁品质。

那么，这篇文章里，借的是什么物呢？原来是两种动物：一只鹓鶵（凤凰）、一只鸱（猫头鹰）。庄子把自己比喻成凤凰，把惠子比喻成猫头鹰，两个比喻自然生动，特别是把猫头鹰吓唬凤凰的情景刻画得惟妙惟肖，把惠子怕丢掉相国职位的丑态写活了。人物形象形成鲜明对比，比喻巧妙贴切，语言虽然简单，但含义很丰富。

这种借物喻人的方法大大增强了文章的**表现力**和**感染力**。庄子想说又不直接指明，既表明自己无意功名利禄，同时又巧妙地指责惠子为保住官位而无端猜忌的小气心态。难怪惠子听完脸一阵红，一阵白，恨不得立刻消失。

同学们，借物喻人的方法，你学会了吗？

首届"知音"网络高峰论坛

人生苦短，知音难求；云烟万里，佳话千载。首届知音网络高峰论坛，我们邀请到了几位著名的嘉宾，就"知音"这一话题来聊一聊。

庄子 & 惠子
· 一只鱼引发的知音情

很多人觉得所谓知音，非得三观是一致的。我们始终不这么觉得。虽然我们年龄只相差一岁，没有代沟，又是老乡，但是我们很多地方都截然不同。一个信奉道家学说，一个则是名家大腕；一个贵为相国，一个一介布衣；一个不甘寂寞、向往名利，一个深居简出、渴望自由。表面上，我们都是"杠精"，可是，我们俩内心深处互相认可对方。

伯牙 & 子期
· 一曲琴引发的知音情

二位的观点，我们也深表同意。说到"知音"，其实我们俩才更有发言权！我们就是"知音"二字的创始人。虽然我们也身份悬殊，一个是琴师，一个是乡野樵夫，但是音乐却将我们紧密相连。哎，就是可惜了好端端的琴，怎么一冲动就摔碎了呢！

管宁 & 华歆
· 一块金子引发的断绝交情

不不不，我们却坚信，道不同，不相为谋！曾经我们关系那么密切，就连读书也坐在同一张席子上。面对锄地时地里出现的一块金子，面对门前路过的豪车，我们截然不同的反应就能说明一切，算了吧！"三八线"也别画了，这张席子就割了吧！早点分开也未必是坏事！

第 3 章

董仲舒、司马迁——"明星师徒"的开挂人生

董仲舒
昵称：董夫子
地区：今河北景县

（公元前179年—公元前104年）

主要成就：西汉哲学家、政治家、教育家。他提出了"罢黜百家，独尊儒术"的主张，使儒学成为中国社会正统思想，影响长达两千多年。

朋友圈： ＞

添加到通讯录

司马迁
昵称：字子长
地区：今陕西韩城

（公元前145年或前135年—公元前87年）

主要成就：西汉史学家、文学家、思想家，创作了中国第一部纪传体通史《史记》，被鲁迅誉为"史家之绝唱，无韵之离骚"。

朋友圈： ＞

添加到通讯录

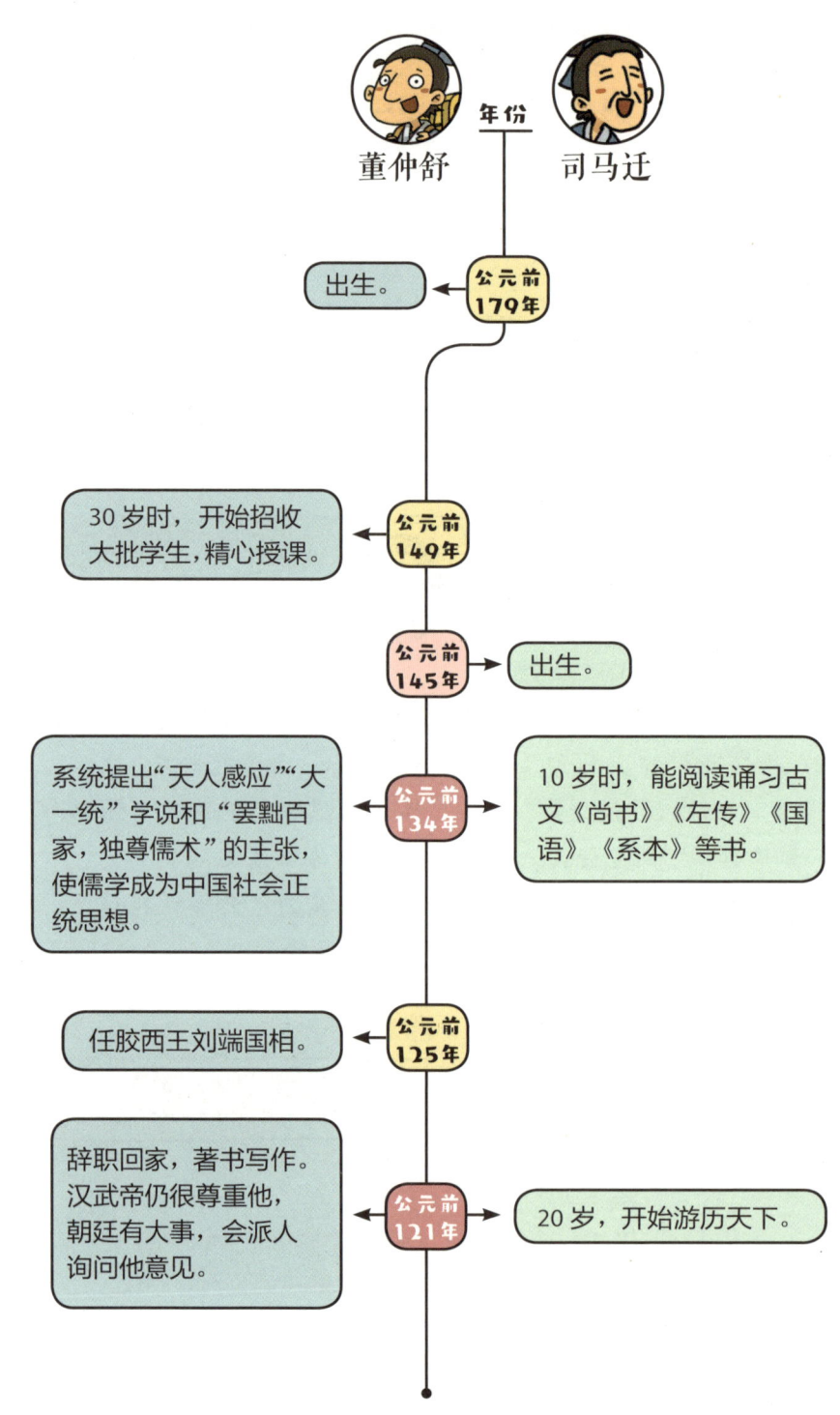

· 先秦至隋卷 ·

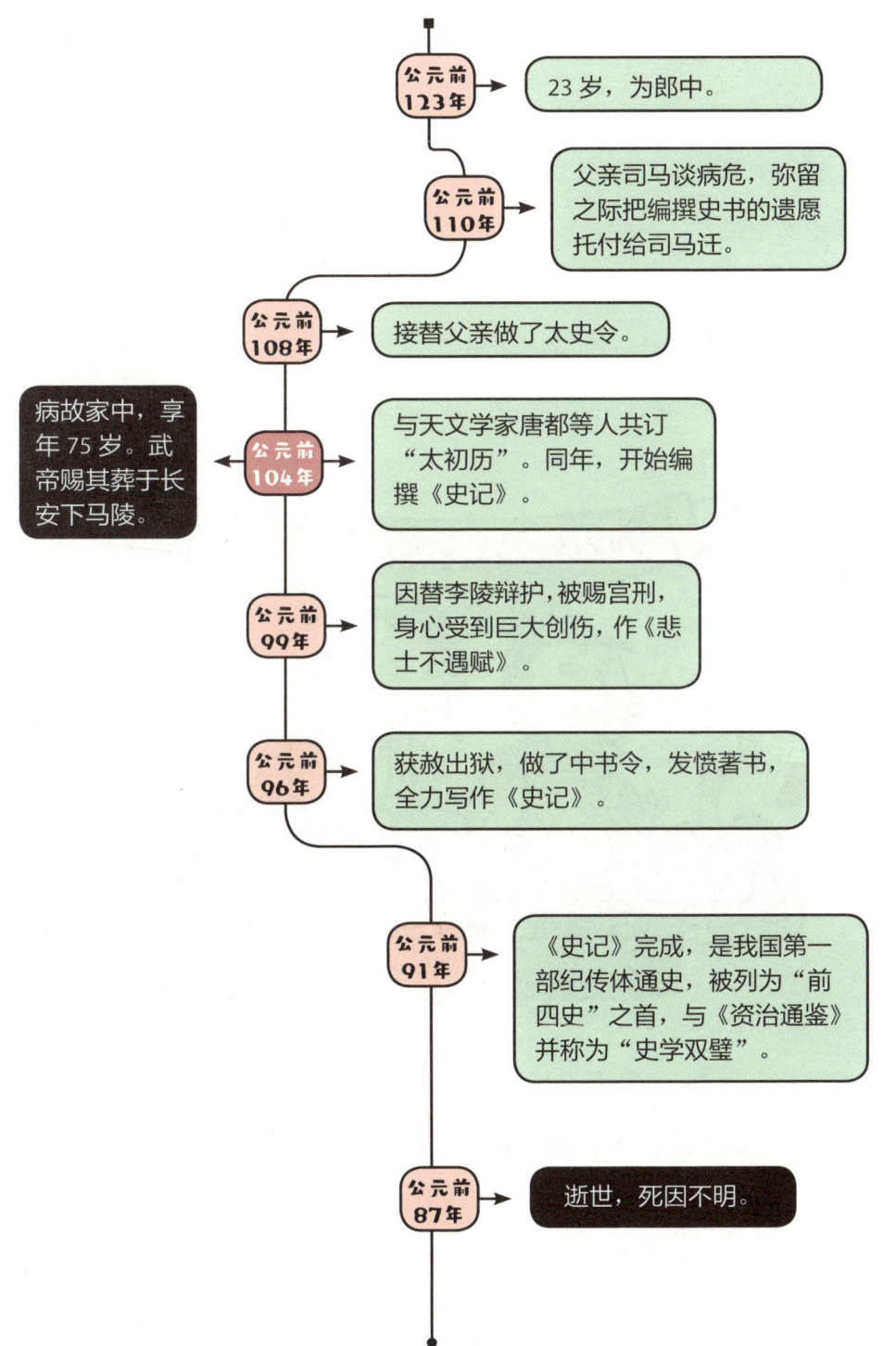

★ 投胎是门技术活

西汉时期，出了一对师徒。师父董仲舒，西汉儒学大师，凭一己之力使儒学成为中国社会正统思想。徒弟司马迁，撰写了中国历史上第一部纪传体通史《史记》，一战封神，被誉为"史圣"。这对"师徒"为啥这么牛呢？

司马迁的家族世代在国家档案局工作，他爸司马谈是当朝太史令，学识渊博，与董仲舒又是好兄弟，于是，司马迁就顺理成章地拜董仲舒为师了。

董仲舒出生于一个大地主家庭，他爸特别重视教育，为了把董仲舒培养好，斥巨资在家建了一个图书馆，小仲舒从此在知识的海洋里遨游，不能自拔。董爸看了有点担心，于是又在书房旁边建了个花园。但小仲舒两耳不闻窗外事，一心只读圣贤书，看都不看园子一眼，这就是有名的"目不窥园"。

花园白建了!

★ 说走就走的顶级"背包客"

当时"游学"风气正浓,但凡家里有点钱的,都想让自己的孩子出去,边旅游边学习,当"背包客"开开眼界。

少年时期的董仲舒,觉得书本里的知识学得差不多了,就想来一场说走就走的旅行,于是背起行囊,一路旅行,一路求教当地一些著名的学者,收获颇丰。

到了战国时期的都城临淄,他听说公羊寿解释《春秋》非常有名,于是就拜师公羊寿学习"公羊学",这也为他之后撰写著名的《举贤良对策》打下了坚实的基础。

爆笑！古代学霸笔记！

世界那么大，我想去看看！

　　在游学这方面，司马迁也完全师承董仲舒。20岁的司马迁从长安出发，经过淮阴、会稽、汨罗江、姑苏等地，是朋友圈里公认的顶级"背包客"。当然，玩归玩，正事也没落下，他沿途考察了大量的风俗文化、古人遗迹，为后面创作伟大的《史记》积累了第一手资料。

★从"百家讲坛"到"吐槽大会"

司马迁本想承袭父志,开一档严谨的"百家讲坛",认真讲述历代帝王政绩和重要人物的事迹。但讲着讲着画风突变,本来严肃的"百家讲坛"俨然变成了令人捧腹的"吐槽大会"。

可见,司马迁其实是一位历史级的段子手,即使讲严谨的历史故事也抑制不住体内的"搞笑因子",成了"造梗达人"。

他写高祖刘邦左腿上有72颗黑痣。调侃孔子,说他生下来脑门就是凹进去的,所以叫孔丘。

作为一个专业吐槽人士,司马迁除了会调侃,脑洞还极大。在尊重客观事实的前提下,一出出英雄豪杰、儿女情长的好戏也纷纷在他笔下上演。

爆笑！古代学霸笔记！

★《史记》是怎样炼成的？

其实最早想写《史记》的是司马迁他爸司马谈，司马谈是汉朝的公务员，在国家档案局工作，他立志要撰写一部史书。可是司马谈刚立完志向没多久就去世了，只得把这个宏图伟愿托付给儿子司马迁。

公元前108年，司马迁继承了父亲的工作室，在工作之余，注册了一个汉音号——@太史公讲《史记》，一不直播，二不带货，只是不定时更新文章。

中间停更了一段时间，因他帮同事李陵喊冤，结果被汉武帝投进了大狱，惨遭宫刑。

爆笑！古代学霸笔记！

惨遭宫刑后，他重出江湖，更加勤奋更新，终于在公元前91年，写完了《史记》的全部内容，也成为坐拥千万粉丝的大作家。

★ 写作秘籍大公开：名师出高徒

自从《史记》完结后，司马迁就频频出现在各大颁奖典礼上，什么"二十四史之首"奖、"无韵《离骚》"奖，董仲舒作为司马迁的老师也顺带拿了个"最佳指导老师奖"。

记者采访:"您在《史记》中大力批判暴政,崇尚仁德治国,立意高远,您是怎么想到的?"

司马迁:"这是受我老师董仲舒'公羊学说'的影响。"

记者又问:"董老师是怎么指导您写作的呢?"

司马迁:"董老师经常教导我,写事件的作文要贯彻祖国统一的思想;写人物的作文要弘扬知荣辱、懂礼让的精神,这也是我写《史记》遵循的主要原则。"

学霸笔记

报任安书（节选） [西汉] 司马迁	注释
古者富贵而名摩灭，不可胜记，唯倜傥①非常之人称焉。盖文王拘而演《周易》；仲尼②厄而作《春秋》；屈原放逐，乃赋《离骚》；左丘③失明，厥有《国语》；孙子④膑脚⑤，《兵法》修列；不韦⑥迁蜀，世传《吕览》；韩非⑦囚秦，《说难》《孤愤》；《诗》三百篇，大底圣贤发愤之所为作也。此人皆意有所郁结，不得通其道，故述往事、思来者。乃如左丘无目，孙子断足，终不可用，退而论书策，以舒其愤，思垂空文以自见。	①倜傥：豪迈不受拘束。 ②仲尼：孔丘，字仲尼。 ③左丘：春秋时鲁国史官左丘明。 ④孙子：春秋战国时著名军事家孙膑。 ⑤膑脚：古代酷刑，挖去膑骨（膝盖骨）。 ⑥不韦：吕不韦，战国末年大商人，秦初为相国。曾命门客著《吕氏春秋》（一名《吕览》）。 ⑦韩非：战国后期韩国公子，入秦被李斯所谮，下狱而死。著有《韩非子》，《说难》《孤愤》是其中的两篇。

★ 引经据典巧论证

《报任安书》是长篇书信，司马迁通过给好友任安的回信，把自己的人生信念和为《史记》献身的精神告诉世人。本文是《报任安书》的节选，其中大量引经据典来论证观点的写法，值得同学们学习，为我们学写议论文提供了范本。

文章第一句便抛出自己的观点，认为从古至今富贵而湮没不闻的人数不胜数，只有那些不为世俗所拘的卓异之士才能见称于后世。

从第二句"盖文王拘而演《周易》"以下八个分句，是历史上八个历经磨难而发奋有为的杰出人物的故事：西伯侯姬昌被拘禁而扩写《周易》；孔子受困窘而作《春秋》；屈原被放逐，才写了《离骚》；左丘明失去视力，才有《国语》。孙膑被截去膝盖骨，《兵法》才撰写出来；吕不韦被贬谪蜀地，后世才能流传《吕氏春秋》；韩非被囚禁在秦国，写出《说难》《孤愤》；《诗》三百余篇，大都是一些圣贤们抒发愤懑而作的。

这是作者对历史现象的反思，同时也是在告诉世人，要以这些先贤们为榜样，学习他们矢志进取、成就伟业的坚强意志。

学霸小剧场

	汉音热榜	直播榜	音乐榜	品牌榜
不	司马迁获奖			
1	"历史第一博主"司马迁 热			100.2w
2	司马迁谈恩师董仲舒 首发			928.3w
3	司马迁为什么受刑下狱 热			857.3w
4	董仲舒对司马迁的影响 首发			837.3w
5	司马迁与《史记》的历史谜案			827.9w
6	司马迁的励志故事 新			786.9w
7	司马迁《报任安书》 独家			765.1w

第 4 章

曹操、诸葛亮——
"三国好父亲"冠军候选人

 **曹操**
昵称：字孟德
地区：今安徽亳州
（155 年—220 年）

主要成就：东汉末年军事家、政治家、战略家、书法家及诗人。开创了四言古体诗的辉煌，与其子曹丕和曹植并称"建安三曹"。

朋友圈： ＞

添加到通讯录

 **诸葛亮**
昵称：字孔明，号卧龙
地区：今山东沂南
（181 年—234 年）

主要成就：三国时期蜀汉丞相，中国古代杰出的政治家、军事家、发明家、文学家。

朋友圈： ＞

添加到通讯录

爆笑！古代学霸笔记！

	年份	
曹操		诸葛亮
出生。	155年	
20岁，被举为孝廉，入洛阳为郎。不久，被任命为洛阳北部尉。	174年	
	181年	出生。
拜为骑都尉，大破黄巾军，斩首数万级。随之迁为济南相。	184年	
迎献帝于许县，出任司空，行车骑将军事，总揽大权。	196年	
	197年	隐居隆中。
袁绍发动进攻，曹弱袁强，许攸献计偷袭乌巢，最终曹操大败袁绍，史称"官渡之战"。	200年	
	207年	刘备亲自前往隆中拜访，去了多次才见到诸葛亮，诸葛亮向刘备陈述了三分天下之计，即著名的《隆中对》。
与孙、刘联军在赤壁交战。诸葛亮借东风火烧赤壁，曹军大败。	208年	游说东吴，联合抗曹，火烧赤壁，大破曹军。

· 先秦至隋卷 ·

- 211年　大败关中联军，后进军安定，杨秋投降，平定凉州。
- 214年　与张飞、赵云攻克巴东，与刘备会合，攻下成都，任命军师将军。
- 219年
  - 与关羽战于樊城，与孙权结盟，关羽败走益州，被孙权擒杀。曹操以诸侯之礼安葬之，襄阳战役结束。
  - 刘备与曹操在汉中对峙，诸葛亮调兵支援，战胜曹操，刘备自称汉中王。同年，关羽被杀，荆州失守。
- 220年　病逝在洛阳，终年66岁，谥曰武王。
- 221年　劝刘备登基，任丞相。同年张飞被害。
- 223年　刘备白帝城托孤于诸葛亮。
- 226年　出师北伐。
- 231年　二出祁山。
- 234年　五丈原战司马懿，病死军中。

爆笑！古代学霸笔记！

★ 优秀毕业生诸葛同学就业之路

诸葛同学在"隆中大学"毕业后就开始找工作了。在此期间，各大公司都在招聘。

曹操所在的曹氏集团是当时天下最大的"公司"，曹操本人也爱惜人才，如果去他的公司，薪资待遇应该不会差，但曹氏集团人才济济，顶级谋士荀彧稳坐总经理之位，底下还有荀攸、程昱、刘晔等人，业务能力也都不错，晋升空间不大。

东吴集团跟曹氏集团差不多，内有张昭，外有周瑜，都跟总裁孙权关系很铁，诸葛亮未必能脱颖而出。

再看看刘备集团，虽然公司小了点，好在刘备还在创业阶段，如果加入，马上就是CEO，不用从基层干起。再加上刘备待人谦逊，求贤若渴，诸葛同学经过慎重考虑之后，最终决定加入刘备公司。

★ 打造个人最"亮"品牌

三顾茅庐的典故我们都耳熟能详，但你不知道的是，其实这是诸葛亮针对刘备的一次"点对点"的个人品牌营销。

首先，是品牌定位。诸葛同学对自己的能力相当自信，自比管仲、乐毅。

接着，就是品牌推广。诸葛同学拜托他的明星朋友徐庶、司马徽帮忙宣传，还请亲朋好友在刘备面前不停地刷好评。

爆笑！古代学霸笔记！

如此一来，诸葛亮的个人品牌就打响了，刘备三次登门拜访，诸葛亮立马送上一份大礼——《隆中对》，刘备深深折服，当即签合同。

★ "热火"三国

诸葛亮和曹操两人的交集全跟火有关。诸葛同学一生多用火攻，一次"火烧博望坡"使得曹军丢盔弃甲。

曹操得知此事后气得七窍生烟，决定亲自会一会诸葛亮，诸葛同学也没让曹操失望，又策划了一场"火烧新野"。

曹操玩不过诸葛亮，就去找孙权玩。他带着曹军南下，又在东吴吃了一把"赤壁之火"，几乎全军覆没，自此诸葛亮的用火术名扬天下。

夷陵之战中，孙权手下陆逊用"火烧连营"之计直接把诸葛亮的顶头上司刘备送走。诸葛亮玩了一辈子火，最后这把火算是烧到了自己的身上。

爆笑！古代学霸笔记！

★ 两大 CEO 的文学对决

诸葛亮和曹操作为各自集团的首席执行官，谁更厉害些呢？

抛开政治和军事光环，单从文学素养来说。本来刘备公司的员工文化水平并不高，直到诸葛亮入职后，写出《隆中对》和《出师表》这两篇爆文之后，才改变了总体格局。

这两篇文章一篇是写给老板刘备的，一篇是写给老板的儿子刘禅的，两篇文章通俗易懂，没什么华丽的辞藻，但胜在情真意切。

如果说诸葛亮是写作小能手，那曹操就是写作小天才。曹操继承汉乐府"感于哀乐，缘事而发"的精神，开创了以乐府写时事的先河，例如《薤(xiè)露行》《蒿(hāo)里行》原是挽歌，曹操却以之悯时悼乱，故后人谓曹操乐府"汉末实录，真诗史也"。

★ 都是懂教育的好爸爸

曹操不仅事业干得风生水起,家庭教育也没落下。他在教育子女方面很有一套。即使行军打仗,也要带着儿子们在身边磨炼。他的几个孩子都很优秀,曹丕、曹植文武双全,曹彰刚毅勇猛,曹冲则是罕见的神童,可惜13岁就夭折了。

曹丕在《典论·自叙》中说:我6岁就学会射箭,8岁学会骑马。宛城之战时,年仅10岁的曹丕乘马逃脱。从此事可以看出,曹操的教育是成功的。

如果说曹操育儿成功在于参加实践活动，那么诸葛亮教育孩子更注重品格的养成。在《诫子书》中，诸葛亮告诉儿子要勤学立志，修身养性。"淡泊以明志""宁静以致远"也被后人视作为人处世的基本原则。

后来，诸葛亮的儿子诸葛瞻也成为一个文化修养很高的人，可惜在后期的魏蜀战争中为国捐躯了。

后来，诸葛亮的儿子诸葛瞻也成为一个文化修养很高的人，可惜在后期的魏蜀战争中为国捐躯了。

学霸笔记

临：登上。
碣石：山名，碣石山。
澹澹（dàn）：水波摇动的样子。
竦（sǒng）峙：耸立。竦，通"耸"。

萧瑟：树木被秋风吹的声音。
洪波：汹涌澎湃的波浪。

观沧海
[魏晋] 曹操

东临碣石，以观沧海。
水何澹澹，山岛竦峙。
树木丛生，百草丰茂。
秋风萧瑟，洪波涌起。
日月之行，若出其中。
星汉灿烂，若出其里。
幸甚至哉，歌以咏志。

星汉：银河，天河。
若：如同，好像是。

幸：庆幸。
甚：很，程度副词。
至：极点。

★借景抒情言壮志

曹操北征乌桓，得胜归来，途经碣石山，看到那汹涌澎湃的沧海，内心激动不已，泼墨写下这首《观沧海》。本诗采用了借景抒情的写作手法，把海上的景色与曹操自己的雄心壮志巧妙地融合在一起，值得我们学习。

"东临碣石，以观沧海"，点明了"观沧海"的位置，并用一个"观"字统领全文。

"秋风萧瑟，洪波涌起"描写的是风起水涌的动景，"树木丛生，百

草丰茂"描写的是草木繁盛的静景。这几句有动有静，画面就生动了起来。

"**日月之行，若出其中。星汉灿烂，若出其里。**"这是诗人想象出来的，这浩瀚的大海能包含日月，囊括星河，就好像诗人宽广的胸怀和宏大的志向。

全诗通篇写景，又句句抒情，是在写大海，更是在写诗人自己。不但做到了情景交融，而且做到了**情理结合、寓情于景**。我们在写景的时候，也可以学着像曹操一样，融入自己的情感去写。

学霸小剧场

建安文士交流群 (96)

 曹操
亲们,昨夜我梦到一道金光冲天而起,今天命人挖出了一只铜雀,何解?

 荀攸
当年舜的母亲梦到玉雀入怀而生舜,今得铜雀,此乃吉兆啊!

 曹操
太好了,那就在这漳水之上建一座铜雀台吧!

210年11月15日 上午10:10

 曹操
亲们,今日铜雀台已经落成,我请大家登台观赏如何? @所有人

 曹植
太棒了!😀

建安文士交流群 （96）

 曹丕
恭喜父亲！

 荀攸
恭喜丞相！

 杨修

 曹操
感谢大家能来捧场！ 😎 今天大家就以铜雀台为题，即兴写一篇文章吧！

 曹植
父亲，孩儿已经写好了。

 曹操
这么快！快发上来让大家看看！

 曹植
……同天地之规量兮，齐日月之辉光。永贵尊而无极兮，等君寿于东皇。

 杨修
好，好，好一篇美文！

建安文士交流群 （96）

 荀攸
字字珠玑，笔力万钧啊！

 甄宓
子建果然文采斐然。

 曹操
子建，你这篇铜雀台赋的确是精彩绝伦！
为父要封你为平原侯！

 曹植
谢父王。

"曹丕"撤回了一条信息

 曹丕
恭喜三弟。

 曹植
谢谢

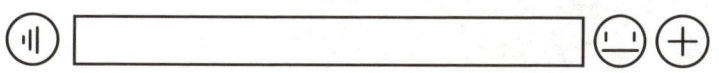

第 5 章

曹丕、曹植——
一生"斗气"的"豆萁"兄弟

曹丕
昵称：字子桓
地区：今安徽亳州

（187年—226年）

主要成就：三国时期政治家、文学家。诗、赋、文学皆有成就，擅长五言诗，与其父曹操和弟曹植并称"建安三曹"。

朋友圈： >

添加到通讯录

曹植
昵称：字子建
地区：今安徽亳州

（192年—232年）

主要成就：三国时期著名文学家，建安文学的集大成者。诗、赋、书法皆有成就，与父亲曹操、兄长曹丕并称为"建安三曹"。

朋友圈： >

添加到通讯录

爆笑！古代学霸笔记！

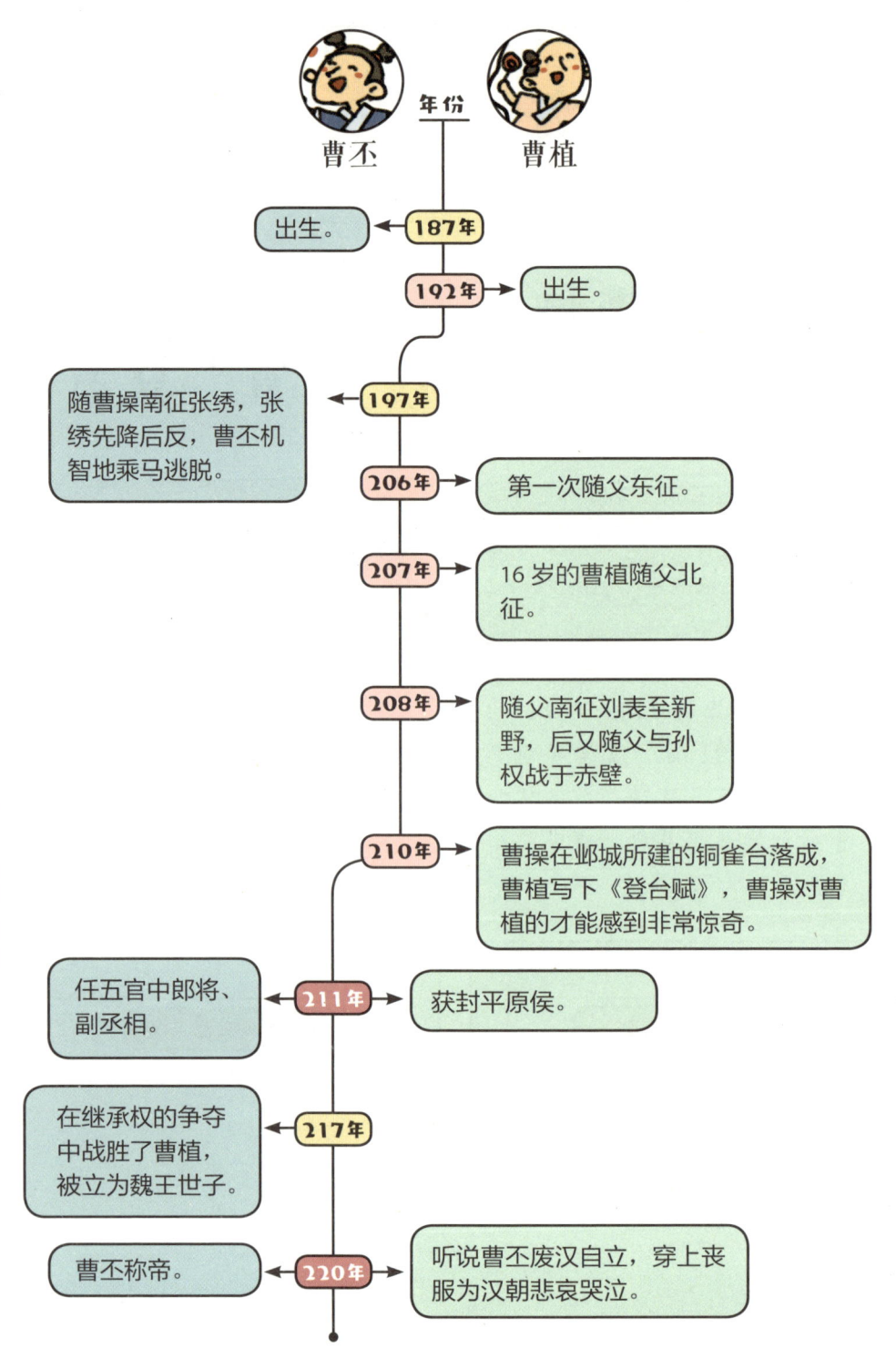

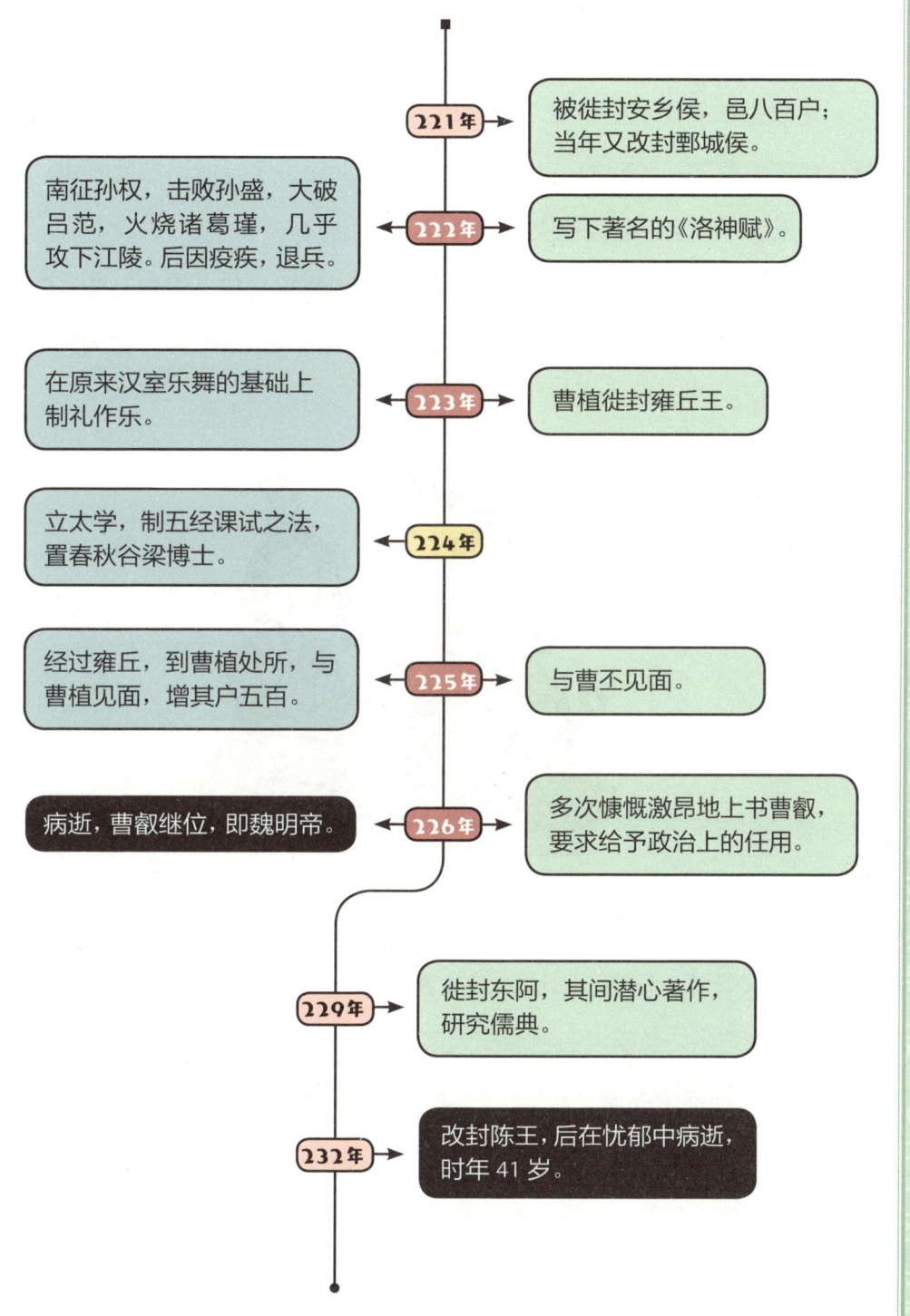

爆笑！古代学霸笔记！

★当"霸总哥哥"遇上"文青弟弟"

东汉末年的大枭雄曹操，生的儿子很多，但可惜，他优秀的大儿子曹昂在战乱中死了；聪明的小儿子曹冲，也不幸夭折了。命运如此安排，曹操十分无奈，开始不敢轻易决定继承者。

最后，候选人范围缩小到两个人，就是和曹操并称"建安三曹"的两个好儿子——曹丕和曹植。How to choose？It's a question！（如何选择？这是个问题！）

曹丕和曹植虽然是一母同胞的亲兄弟，但两人的性格却完全不同。曹植是个喜欢喝酒、写诗、唱民谣的文艺青年，每天只顾着和自己志同道合的小伙伴搞艺术，丝毫没有继承庞大家业的打算。

而曹丕则是个充满"霸总"气质的"心机 Boy"，他努力搞事业，一心想要获得父亲的青睐，可偏偏父亲好像更待见自己那不成器的弟弟，这让曹丕每天都阴沉着一张脸，拳头握得老紧。

★哥很棒，怎奈弟弟"才高八斗"

在权力斗争之外，曹丕和曹植都爱好文学。其实，"霸总"曹丕绝不光是事业狂魔，他能与父亲、弟弟并称**"建安三曹"**，文才可一点也不差。他首创了中国最早的七言律诗**《燕歌行》**，用女子的口吻描述对远方丈夫的思念。"霸总"说情话，神仙也害怕！

燕歌行（其一）（节选）

[魏] 曹丕

秋风萧瑟天气凉，草木摇落露为霜。
群燕辞归鹄①南翔，念君客游思断肠。
慊慊②思归恋故乡，君何淹留③寄他方？

注释：①鹄：天鹅。②慊慊（qiàn qiàn）：空虚之感。③淹留：久留。

然而，虽然哥哥曹丕才华横溢，怎奈弟弟却才高八斗！一百年后，曹植的死忠粉谢灵运还这样夸赞："天下才有一石，曹子建独占八斗，我得一斗，天下共分一斗。"天下人加起来的才华不过曹植的八分之一，可见他的超凡脱俗！

曹植的高能作品一部接着一部，《洛神赋》《登台赋》《白马篇》……和曹植相比，本来挺有才的曹丕好像瞬间矮了一截，也难怪父亲更喜欢多才多艺的弟弟。

白马篇（节选）

[魏] 曹植

父母且不顾，何言子与妻？

名编壮士籍，不得中顾私。

捐躯赴国难，视死忽如归①。

注释：①归：回家。把死看作像回家一样。形容对死无所畏惧。

★ 小小酒瓶子，让天平倾斜了

父亲曹操本就是爱才之人，否则当初也不会提出"唯才是举"的招贤政策。所以，本来"文青弟弟"曹植是完胜阴沉的"霸总哥哥"曹丕的，只可惜，一个东西害了他，就是酒。

曹植醉酒误事，有次在酒后策马扬鞭闯了只有天子才能走的宫门。已构成"酒驾"，还冒犯了圣驾。可把曹操气坏了。

阴沉且聪明的曹丕立马抓住了弟弟曹植爱喝酒这个致命的弱点，在曹植领命率兵营救曹洪的前夜，曹丕灌醉了他。曹操失望至极，终于把曹植踢出了继承人的第一梯队。

曹植失宠，曹丕趁热打铁，增加曹操好感。曹植有得诺×尔文学奖的实力？那曹丕就贡献奥×卡影帝级别的演技！曹操出征前，曹植写了情真意切的文章歌颂父亲的伟大，曹丕则是一把鼻涕一把眼泪述说对父亲的不舍，让曹操大为感动。

爆笑！古代学霸笔记！

★豆萁，斗气，都齐了

曹丕苦心经营，还有一帮得力助手；曹植屡犯错误，再加上杨修等猪队友"坑"自己。曹操最终还是把储君之位定给了曹丕。

待到曹操驾鹤西去，曹丕立刻逼汉献帝退位，改国号为魏，当上了皇帝。曹植听说曹丕废汉自立，居然穿上丧服为汉朝悲哀哭泣，这让曹丕气得头顶冒烟，不禁对这个拎不清的弟弟起了杀心。

曹丕给他出了一道几乎必死的超级难题——让曹植在七步之内以"兄弟"为题写一首诗，写不出的话就要掉脑袋。但这对大才子曹植来说只是小菜一碟，还没走到七步，他就缓缓吟出——**本自同根生，相煎何太急？**曹丕听了也不禁感动了，把曹植贬得远远的，眼不见为净。

★ 所以到底是不是"塑料"兄弟情？

曹植七步成诗，保全了性命；而曹丕七年为帝，却英年早逝。

临死前一年，曹丕出征东吴回来，路过曹植的封地，便去探望，回忆少年时的情谊，还加封五百户给曹植，兄弟俩算是冰释前嫌。

曹丕过世后，曹植痛哭流涕，洋洋洒洒写下了不少诗文，追忆两人的美好时光。同时，积极上书新帝曹叡，积极推销自己。

无奈这个侄儿对叔叔还有提防之心。没过几年，曹植便带着无法建功立业的遗憾找父亲和哥哥团圆了。

学霸笔记

解题：七步之内作一诗。

七步诗
[魏] 曹植

煮豆持作羹，漉菽以为汁。
萁在釜下燃，豆在釜中泣。
本自同根生，相煎何太急？

釜（fǔ）：古代的一种锅。

持：用来、用作。
羹（gēng）：用肉或菜做成的糊状食物。
漉（lù）：过滤。

这句话的意思是锅里煮着豆子，是想把豆子的残渣过滤出去，留下豆汁来做羹。豆萁在锅底下燃烧，豆子在锅里面哭泣。

本：原本。
煎：煎熬，比喻迫害。

这句话的意思是豆萁和豆子本是从同一条根上生长出来的，为什么要相互煎熬逼迫得那么狠呢？

★ 巧用比喻来形容

《七步诗》是一首描绘手足兄弟之情的名篇。这首诗跟曹植其他诗作的风格非常不同，因为当时情况紧急，要七步之内作成，于是无法锤炼言语的精巧，反而有一种朴实的情感，大巧若拙说的就是这个意思。我们来看看这首诗比喻手法的精妙吧！

诗人一开始就为我们展现了一幅常见的烹饪豆子的生活画面。诗人把自己比作"豆"，用"萁"来比喻当时逼迫他在七步之内作出一首诗的同胞哥哥曹丕。要知道，豆子和豆秸本来就是从同一条根上长出来的，就好比同胞兄弟那样相依为命。

然而，豆秸燃烧起来，却把锅内的豆子煮得翻转"哭泣"，一个"泣"字充分表达了曹植当时的悲伤。因此，诗人不禁发出疑问：同为父亲的孩子，为什么诗人会被自己的亲兄弟苦苦相逼呢？

这首诗以萁豆相煎为比喻，控诉了曹丕作为兄长对自己的迫害，委婉地提醒哥哥顾念手足之情。一方面反映了诗人的聪明才智，另一方面也反衬了哥哥曹丕迫害手足的残忍。整首诗读起来朗朗上口，诗人巧妙设喻，寓意明畅。这样简单而深刻的寓意也赢得了千百年来读者的称赞。

学霸小剧场

< 　　**建安文学贴吧**　+关注　关注人数：8,888,888　　⋯

新 今日新作赋一首《洛神赋》

余告之曰：其形也，翩若惊鸿，婉若游龙。

赞：100W　踩：1W　转发：180W

【楼主置顶】
曹植：有感而发作此赋，大家都来评一评，多批评指正！

【跟帖】
杨修：曹子建的诗清丽脱俗，真是前无古人后无来者啊！

曹丕：通篇不过是辞藻的堆砌，在我的《典论》里只堪中品罢了。老弟，继续加油啊。

曹操：哈哈哈，这写情书的功力是继承了我的优良基因啊！

……

谢灵运：感谢有贴吧的存在，让我有幸欣赏偶像的诗文，幸甚至哉！（星星眼）

第 6 章

贾谊、晁错——
大汉朝"智能双核CPU"

贾谊
地区：今属河南

（公元前200年—公元前168年）

主要成就：西汉初年著名政治家、文学家。在散文和辞赋上成就颇高，代表作《过秦论》。

朋友圈： >

添加到通讯录

晁错
地区：今河南禹州

（公元前200年—公元前154年）

主要成就：西汉政治家、文学家。发展了"重农抑商"政策，且进言削藩。代表作《论贵粟疏》。

朋友圈： >

添加到通讯录

爆笑！古代学霸笔记！

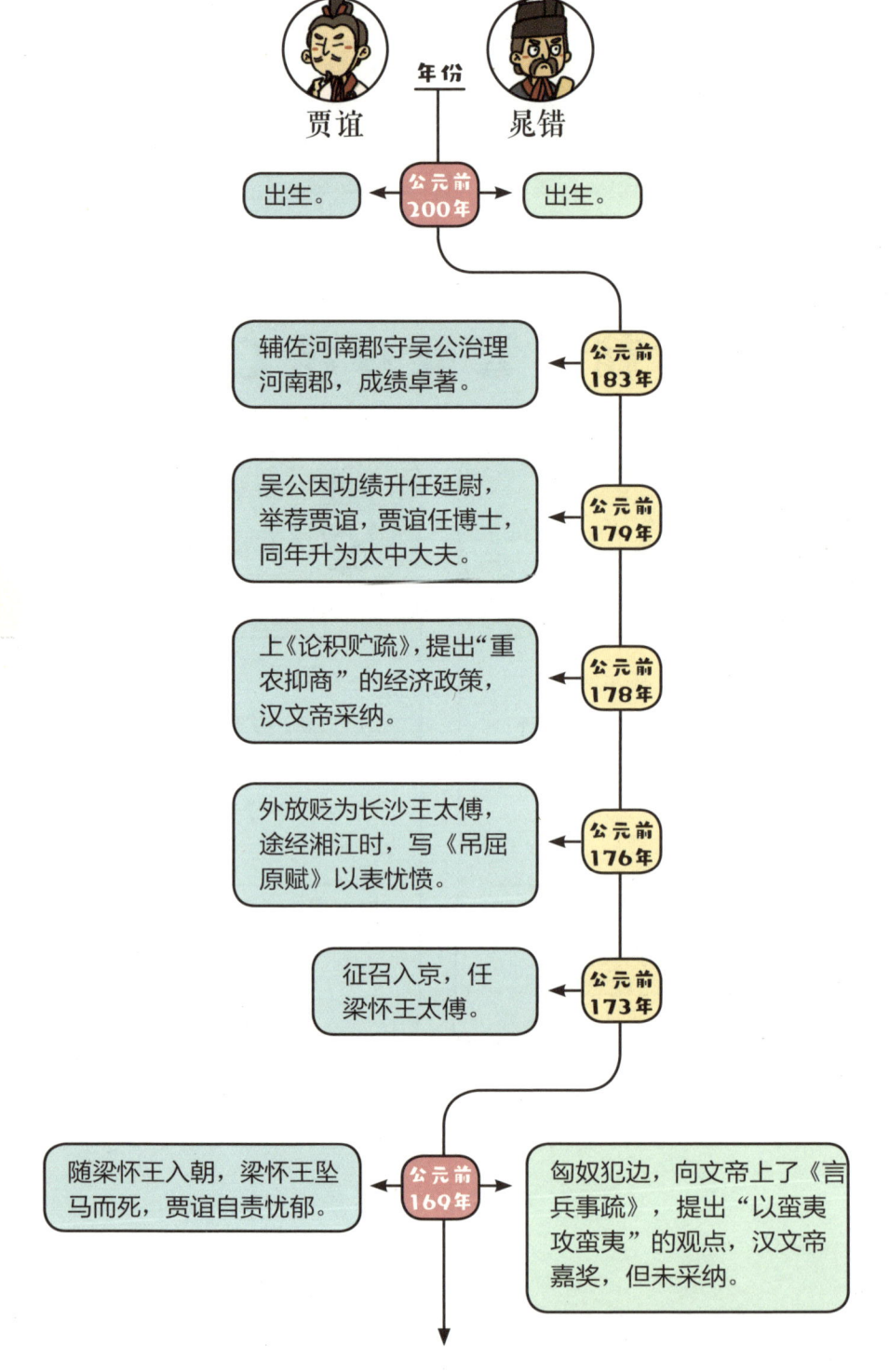

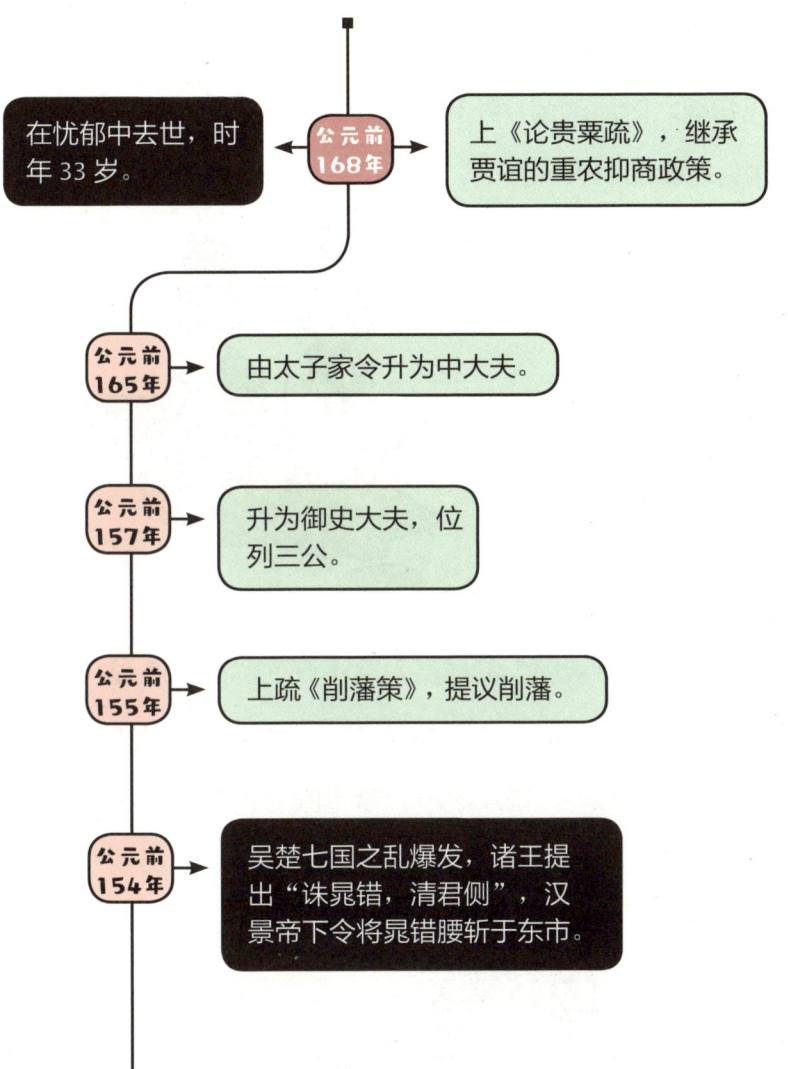

★ 执笔卫国的两颗最强大脑

汉代初期，时局动荡，外有邻居匈奴示威，内有诸侯在职权红线反复试探。作为智囊团首席的贾谊、晁错以笔为矛，以文为盾，为当时的执政者献计献策，守护着国土。

能成为"君王智囊团"的成员，离不开他俩的"最强大脑"。两人都才学渊博，贾谊年纪轻轻，诵读百家之书，深受儒家经典的滋润；晁错少年时深受法家思想影响，锐意改革，奋不顾身，后来学习了《尚书》，也接受了儒家思想。

★ 不论早晚，终成大腕儿

是金子总会发光的！贾谊这颗金子发光得比较早。公元前183年，他就被贵人河南郡守吴公相中协助治理河南郡。在他的辅佐下，河南郡GDP很快就成了天下第一。自此，贾谊开启了他升迁之路，一年时间，就从廷尉大博士升至太中大夫，升职之快，堪称光速。在其位，谋其政，面对当时社会上的种种现象，贾谊摇身一变，成为政坛辩手，大抒己见，引得文帝大加赞赏。

相较于贾谊的少年得志，晁错的升迁路显得朴实很多。最早晁错只是管宗教礼仪的小吏，后来拜师学成归来，成了太子舍人、中大夫。在景帝时期，更是被捧上天的红人，升为御史大夫。

爆笑！古代学霸笔记！

★哎哟，这该死的默契～

尽管生在同一个时代，但贾谊和晁错私下并没有频繁的接触，他们的政治主张却不谋而合，十分默契。两人对于当时国家粮库亏空都十分担心。面对重商轻农的现象，贾谊上书《论积贮疏》，提出了"重农抑商"的政策。

论积贮疏（节选）

[西汉] 贾谊

今殴①民而归之农，皆著于本；使天下各食其力，末技游食之民，转而缘南亩，则畜积足而人乐其所矣。

几年后，晁错继承贾谊思想，写下《论贵粟疏》，在分析农民和商人的矛盾后，提出了一系列具体解决方法。

论贵粟疏（节选）

[西汉] 晁错

粟米布帛生于地，长于时，聚于力，非可一日成也。数石②之重，中人弗胜③，不为奸邪所利；一日弗得而饥寒至。是故明君贵五谷而贱金玉。

拥有这份灵魂层面的惺惺相惜，居然成不了朋友，那只能用"同性相斥"来解释了。

注释：①殴：同"驱"，逼迫。②石：重量单位。汉制三十斤为钧，四钧为石。③弗胜：不能胜任，指拿不动。

★ 热血斗士的一字诀：冲！

时刻将国家利益放在心尖上的贾、晁二人，恨不得将自己和国家合二为一。在面对国家的问题和矛盾时，他们践行一个字——冲！自己冲在最前，达官显贵的面子是什么，他们不管！诸侯利益是什么，他们不顾！有什么说什么，全然不怕自己获罪。

有段时间汉文帝只顾着玩耍打猎，将边境问题抛掷九霄云外。贾谊见状，上书《势卑》，这篇文章味冲辛辣，直接批评了君王的行为。

势卑（节选）

[西汉]贾谊

今不猎猛兽而猎①田彘，不搏反寇②而搏蓄菟。所猎得毋小，所搏得毋不急乎？玩细虞③，不图大患，非所以为安。

注释：①猎：古同"猎"。②反寇：外敌。③虞：忧虑。

★ 同悲情，共命运

俗话说：木秀于林，风必摧之。贾谊在朝廷上威望越来越大，惹得众人眼红，总想找着他的毛病。后来因为奸臣在文帝耳边吹着邪风，贾谊就被贬到了长沙，路过湘江时，还写下了《吊屈原赋》来抒发自己的忧伤。这件事也预示着他的人生开始走下坡路。公元前169年，他随梁怀王被召回宫，梁怀王因为坠马而去世，贾谊深感自责，一年后他也在郁闷中去世了，年仅33岁。

而作为汉景帝老师的晁错，在汉景帝上位后，为了巩固皇权，上了《削藩策》，主张削弱诸侯势力，一下子动了诸侯权贵的"蛋糕"。他们借着"诛杀晁错"的名义，联合反叛。汉景帝顶不住压力，骗晁错外出，将自己的恩师腰斩于东市。晁错就这样草草落幕，"领盒饭"去了。

论积贮疏

[西汉] 贾谊

　　管子曰:"仓廪实而知礼节。"民不足而可治者,自古及今,未之尝闻。古之人曰:"一夫不耕,或受之饥; 女不织,或受之寒。"生之有时①,而用之亡度,则物力必屈。古之治天下,至孅②至悉也,故其畜积足恃。今背本而趋末,食者甚众,是天下之大残也;淫侈之俗,日日以长,是天下之大贼也。残贼公行,莫之或止;大命将泛,莫之振救。生之者甚少,而靡之者甚多,天下财产何得不蹶!

　　汉之为汉,几③四十年矣,公私之积,犹可哀痛!失时不雨,民且狼顾;岁恶不入,请卖爵子,既闻耳矣。安④有为⑤天下阽危⑥者若是而上⑦不惊者?世之有饥穰⑧,天之行也,禹、汤被之矣。即不幸有方二三千里之旱,国胡以相恤⑨?卒然边境有急,数千百万之众,国胡以馈之?兵旱相乘,天下大屈,有勇力者聚徒而衡击;罢夫羸老易子而咬其骨。政治未毕通也,远方之能疑者,并举而争起矣。乃骇而图之,岂将有及乎?

　　夫积贮者,天下之大命也。苟粟多而财有余,何为而不成?以攻则取,以守则固,以战则胜。怀敌附远,何招而不至!今殴民而归之农,皆著于本;使天下各食其力,末技游食之民⑩,转而缘南亩,则畜积足而人乐其所矣。可以为富安天下,而直为此廪廪也,窃为陛下惜之。

注释:①生之有时:生产有时间的限制。②孅:通"纤",细致。③几:将近。④安:哪里。⑤为:治理。⑥阽危:危险。⑦上:皇上,皇帝。⑧饥穰:荒年和丰年。⑨恤:周济,救济。⑩游食之民:游手好闲,不劳而食的人。

★ 围绕中心说明白

《论积贮疏》是贾谊众多政治性文章中的一篇。这篇文章是给汉文帝的奏章，希望皇帝能将农业生产重视起来。本文结构严谨，层次清楚，将中心意思表达得很明白。同学们，我们写作时，也要学会围绕中心来展开。

那么到底该怎么做呢？就让我们跟着这个片段去一探究竟吧！

本文的中心句是"**夫积贮者，天下之大命也**"。从这句话，我们可以清晰地发现作者想要证明国家积贮的重要性。

第一自然段，作者先引用了管子的名言说明积贮的重要性，紧接着又引用了古人对于不耕织、生产物用之无度的言论，而后列举当时社会的相应现象，来说明国家积贮急不可待，否则会走入末路。这是**围绕中心引经据典，增加实证来证明观点**。

第二自然段，**作者列举了很多不积贮的危害**，会闹旱荒，并且还会接连引发一系列恶果。例如可能出现"有勇力者聚徒而衡击；罢夫羸老易子而咬其骨"等不良后果，从反面说明积贮的重要性。这是**从反面来进一步佐证观点**。

第三自然段，作者直接**点明中心意思，亮出自己的态度**，并且也提**出具体解决方法**——让百姓都重回农业生产当中，靠自己的双手劳动而创造财富。

所以，同学们，我们在写文章时不妨学着作者的方法，运用多种多样的方法把中心意思说明白。

爆笑！古代学霸笔记！

学霸小剧场

同行留言板

> 你好，这里是贾谊，有什么话想说的都可以在下方留言哦……

【政界同事】

周某、灌某、东阳某、冯某（邪恶脸）：年纪轻轻，确实有点小聪明，但太不懂得为人处世了！还是长沙适合你，去吧你！哈哈哈……

【文学界同事】

司马迁（崇拜脸）：贾谊大佬，你写的赋太具有感染力了，我的心都随着你的文字跌宕起伏！

苏轼（同情脸）：我和你深有同感啊，有才能还能把才能施展出来，实在太难了！

袁枚（叹息）：贾谊，你倘若心中有郁结要说出来哦，倘若解开心结，你会有更大成就的！

鲁迅（认真脸）：特别欣赏你的文章，犀利地指出当时社会问题，语言沉实。我学习到了！

第 7 章

谢灵运、陶渊明——
开山鼻祖间的巅峰对决

谢灵运
昵称：名公义，字灵运
地区：今河南太康

（385年—433年）

主要成就：南北朝时期佛学家、户外旅行家，山水诗派鼻祖。

朋友圈： >

添加到通讯录

陶渊明
昵称：名潜，字元亮，别号五柳先生
地区：今江西九江

（约365年—427年）

主要成就：东晋杰出的诗人、辞赋家、散文家。被誉为"隐逸诗人之宗""田园诗派之鼻祖"。

朋友圈： >

添加到通讯录

爆笑！古代学霸笔记！

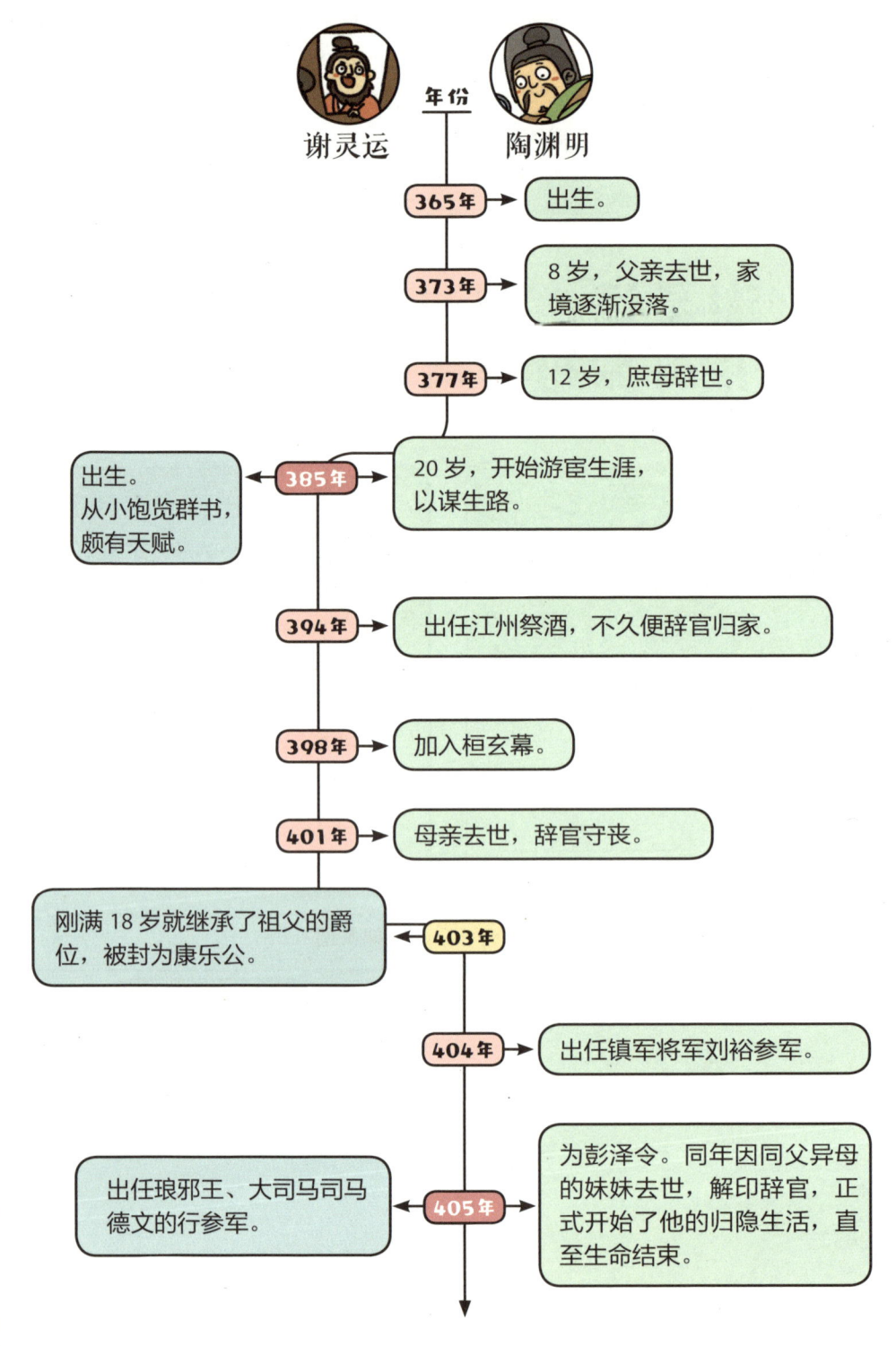

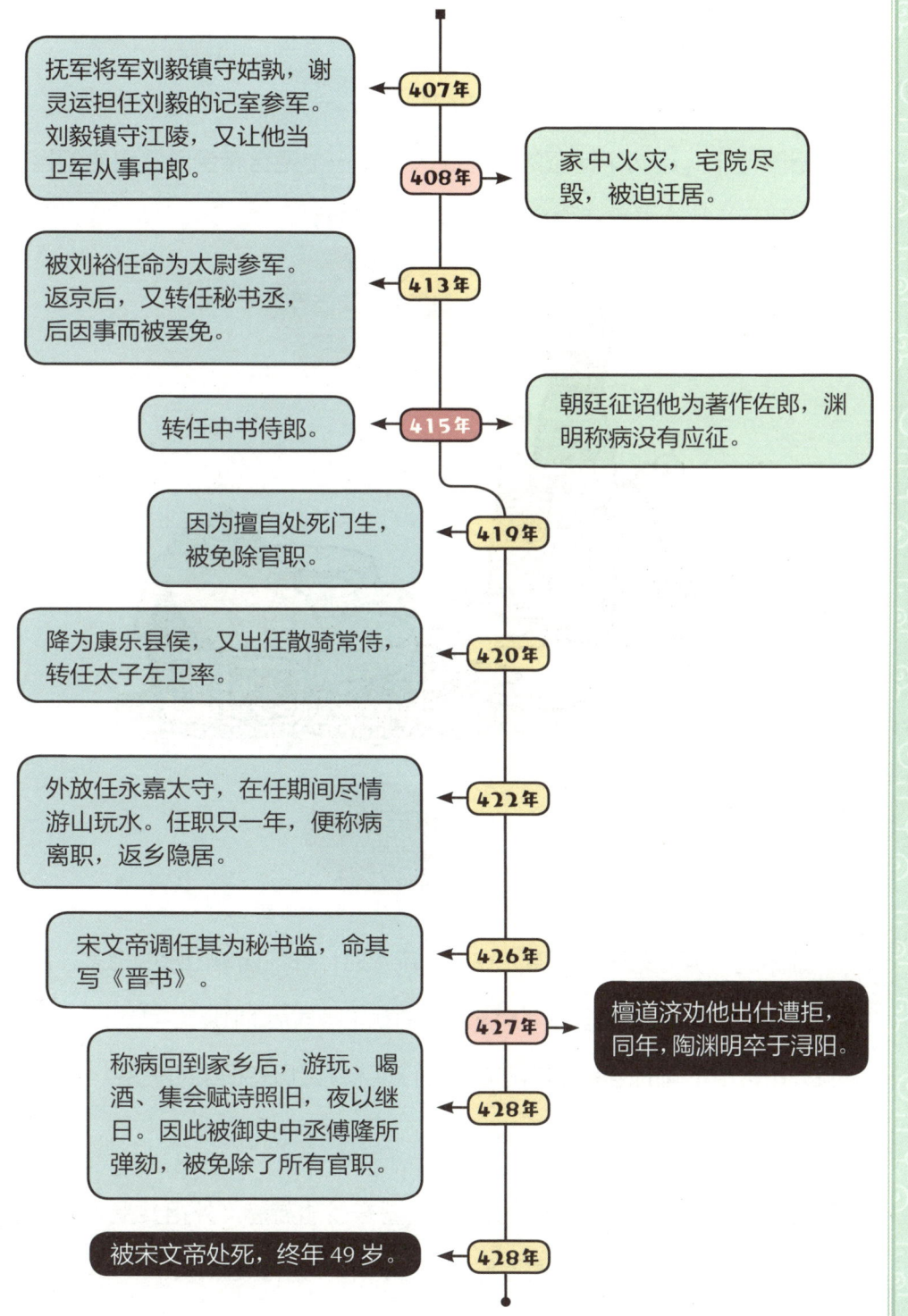

★ 山水？田园？原不是一家

盛行于唐宋的山水田园诗派最初分为两个诗派：一个是山水诗派，一个是田园诗派。这两个诗派的大佬级人物，一个是含着金汤匙出生的世家子弟谢灵运，一个是家道中落的穷家小子陶渊明。

山水诗，简单来说，是诗人在游山玩水时，细细描摹山水的形态，是地道的贵族文学。田园诗就更接地气啦，写的就是隐居后的田园生活、乡村景色。两位开山鼻祖不同的诗歌方向其实跟他们的人生经历有很大的关系。

★ 顶配人生 VS 贫下中农

谢灵运一出生就赢在起跑线。爷爷谢玄战功赫赫，外祖父是"书圣"王羲之。自带强大基因的谢灵运自幼饱读诗书，颇有天赋。

· 先秦至隋卷 ·

谢灵运的家在东晋乌衣巷，从小衣食无忧，被家族宠大，本身又才华横溢，难免目中无人，鼻孔朝天。

陶渊明的少年时期可谓在贫困线上挣扎，8岁时父亲去世，12岁时庶母去世，20岁出来当基层公务员完全是为了养家糊口。好在他从小努力读书，儒家经典、道家思想融会贯通。而且他人缘不错，每当家里快要揭不开锅时，总有贵人向他抛出橄榄枝，例如：刺史桓玄、将军刘裕、刺史刘敬宣等人。

★官场上的"难兄难弟"

按理说,谢灵运刚成年就继承了爷爷的爵位"康乐公",应当是前途无量。但他一辈子都没当什么大官,这跟他的任性有关。

他虽有文才,但没什么责任心。嫌弃官小,马上称病辞职。在职期间,大张旗鼓外出旅游,一去就是十天半个月,不管桌上的公文堆积如山,工资照领。甚至向孟太守要了个湖,说要搞"围湖造田"工程。

同事们对他怨声载道,纷纷向宋文帝告状,于是,谢灵运被一贬再贬,最后被开除了。

陶渊明鉴于平台、资源有限,加上性格比较淡泊名利,一辈子也没啥官运。在出世入世之间反复横跳,做官四次,辞官四次。每次出去做官都是因为囊中羞涩,不得不去。

跟谢灵运怀才不遇而寄情山水不同,陶渊明是认清了官场的本质,下定决心远离官场,回归自然田园生活。

★我寄情山水，你回归田园

谢灵运是第一代户外旅行家，他可不像背包客一般穷游，而是呼朋唤友，开山修路，开发旅游景区。试想，一群人穿着奇装异服，驾驶着改装车出游，多拉风啊！谢灵运可谓是引领时尚潮流第一人。他还发明了一双登山毫不费力的鞋，并申请了专利，叫作"谢公屐"。在山水中徜徉的谢灵运文思泉涌，写下不少热门的山水诗，受到后世的追捧。当他登楼临眺时，吟道——

登池上楼（节选）

[东晋]谢灵运

初景革绪风，新阳改故阴。

池塘生春草，园柳变鸣禽。

陶渊明从小过惯了苦日子，又有文人的清高气节，不为五斗米折腰，放弃了彭泽县令的职位，毅然回农村种豆子。但他毕竟是读书人，并不擅长耕种，田里的杂草比豆苗还茂盛。

他平时爱喝点小酒，酒钱全靠好友接济。喝完酒，他总爱对着窗外田园风光赋诗，他清新质朴、不加修饰的诗风受到后世王维、孟浩然等人的追捧。

虽然不多，下酒总够了。

归园田居（其三）

[东晋] 陶渊明

种豆南山下，草盛豆苗稀。
晨兴理荒秽，带月荷锄归。
道狭草木长，夕露沾我衣。
衣沾不足惜，但使愿无违。

★明明同时代，就是不见面

谢灵运和陶渊明相差 20 岁，都是东晋著名诗人，都热衷书写大自然的诗篇。然而他俩却从不肯相见。

怎奈后人就喜欢把两人拿来对比，比出身、比性格、比成就、比诗文。

两人的诗风也大大不同，谢灵运追求用词繁复、对仗工整。陶渊明则崇尚白描、自然。两种风格各有千秋。

陶渊明最美的田园诗篇《饮酒·其五》：

结庐在人境，而无车马喧。
问君何能尔？心远地自偏。
采菊东篱下，悠然见南山。
山气日夕佳，飞鸟相与还。
此中有真意，欲辨已忘言。

谢灵运最美的山水诗篇《登庐山绝顶望诸峤》：

山行非有期，弥远不能辍。
但欲掩昏旦，遂复经圆缺。
扪壁窥龙池，攀枝瞰乳穴。
积峡忽复启，平途俄已绝。
峦垅有合沓，往来无踪辙。
昼夜蔽日月，冬夏共霜雪。

· 先秦至隋卷 ·

谢灵运也在庐山，你们见一面不？

陶渊明在庐山脚下，你要不要去见一面？

学霸笔记

归园田居（其一）
[东晋] 陶渊明

<u>少</u>无<u>适俗</u><u>韵</u>，性本爱<u>丘山</u>。
误落<u>尘网</u>中，一去三十年。
<u>羁鸟</u>恋旧林，<u>池鱼</u>思故渊。
开荒南野际，守拙归园田。
方宅十余亩，草屋八九间。
榆柳荫后檐，桃李罗堂前。
暧暧远人村，依依墟里烟。
狗吠深巷中，鸡鸣桑树颠。
<u>户庭</u>无<u>尘杂</u>，<u>虚室</u>有<u>余闲</u>。
久在<u>樊笼</u>里，复得返自然。

- 少：指少年时代。
- 适俗：适应世俗。
- 韵：气质、情致。
- 丘山：指山林。
- 尘网：这里指仕途。

- 羁（jī）鸟：笼中之鸟。
- 池鱼：池塘之鱼。

这句话用鸟恋旧林、鱼思故渊，借喻自己怀恋旧居。

- 户庭：门户庭院。
- 尘杂：尘俗杂事。
- 虚室：空室。
- 余闲：闲暇。
- 樊（fán）笼：蓄鸟工具，这里比喻官场生活。

★ 质朴白描见真味

　　这首诗是陶渊明**《归园田居》**组诗中的第一首，写于诗人最后一次辞官回乡的第二年。表达了陶渊明对官场的厌恶，对自己能回到田园生活的无比欣喜。同学们，这首诗并不难懂，因为它大量使用了白描手法，语言质朴自然，通俗易懂。

　　诗歌前六句直抒胸臆，表明自己与世俗官场是格格不入的，天性只喜欢大自然。他把官场比作一张天罗地网，困顿其中多年。一个"误"字写尽了诗人的后悔。用**"笼中鸟"**和**"池中鱼"**为喻，抒发自己热爱田园生活的志向，贴切又自然。

　　接下来的十二句，竟然把**草屋、榆树、柳树、桃树、李树、鸡叫、狗吠**这类农村的景物一一记录下来，写进诗歌。这里对田园生活的景物描写，用一种简单质朴的白描手法，勾勒出了一幅亲切自然的美好乡村生活景象，虽然没有华丽的辞藻，但很有画面感，透出一种诗意的恬淡之美。我们在写作的时候，也可以借鉴这样的景物描写方法。

　　全诗最后两句直接点明中心，表达了自己终于从束缚天性的官场里挣脱出来，回归到美好大自然的激动之情。

　　陶渊明的这首诗在质朴的语言中蕴含着深刻的精神力量——**打破心灵的牢笼，勇敢做自己。**

学霸小剧场

微博热搜榜　TOP10

1. 谢灵运的《登池上楼》位列本周山水诗歌榜第一名。
2. 谢灵运的头号粉丝宋文帝三顾茅庐请他做官。
3. 快讯！陶渊明种地时不慎闪了腰。当初那五斗米收下岂不快哉！
4. 《东晋日报》头版头条刊登"谢公屐"成为全球登山鞋的爆款。
5. 陶渊明喜提年度最佳田园诗人称号。
6. 陶渊明　谢灵运
7. 如果陶渊明和谢灵运坐上时光机去了唐朝？
8. 原来，李白是谢灵运的忠实粉丝，据统计，在他的诗中谢康乐出现了103次。
9. 王维：陶渊明，真隐士也！

第 8 章

嵇康、阮籍——
"竹林七贤"男团的双 C 位

嵇康

昵称： 字叔夜
地区： 今安徽濉溪

（224 年—263 年，
一作 223 年—262 年）

主要成就： 三国时期曹魏思想家、音乐家、文学家，"竹林七贤"之一。专攻诗歌和散文创作，表达清峻，风格飒爽。通晓音律，热爱弹琴，对书画、养生之道也有涉猎。

朋友圈： >

添加到通讯录

阮籍

昵称： 字嗣宗
地区： 今河南开封

（210 年—263 年）

主要成就： 三国时期魏国诗人，"竹林七贤"之一，信奉道家思想，建安以来全力创作五言诗之人，诗作凝练，意味深远。

朋友圈： >

添加到通讯录

爆笑！古代学霸笔记！

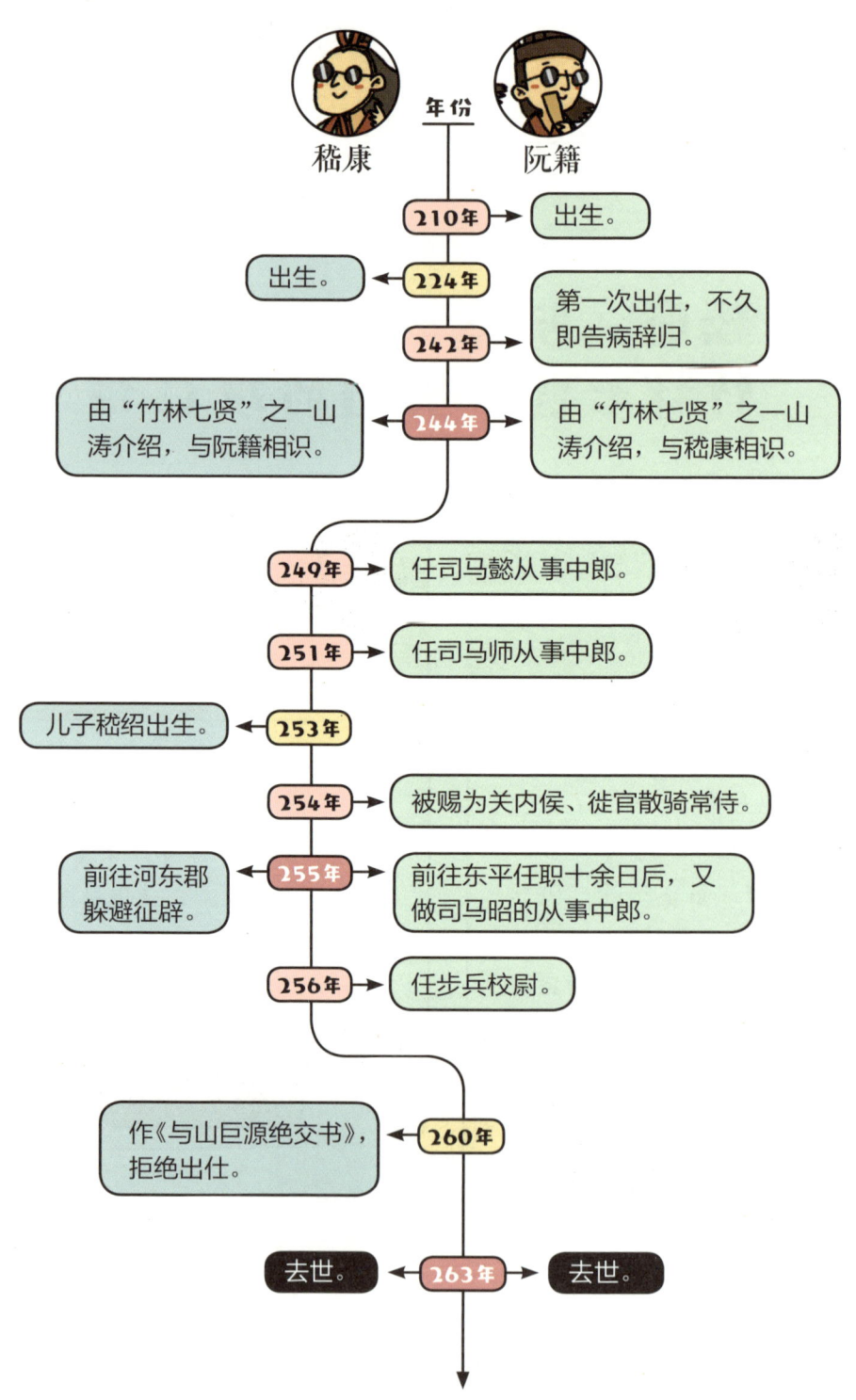

★男团双 C 出道,走花路

要说起古代男团,那绕不开的就是三国时代魏国的"竹林七贤"了,他们当时的影响力位居男团 TOP 宝座,迷弟迷妹众多,都源于他们那团魂:不务实事,追寻本心,活得潇洒。

刘伶　王戎　阮籍　向秀　嵇康　山涛　阮咸

这七人团横空出世,火遍当朝和后代,离不开每个人都身怀绝技,性格鲜明。根据历代粉丝的评价,人气值数一数二的要数嵇康和阮籍了。作为团内颜值担当的嵇康,拥有着迷倒万千少女的神颜,有文为证:

晋书·嵇康传(节选)

美词气,有风仪,而土木形骸,不自藻饰,人以为龙章凤姿,天质自然。

爆笑！古代学霸笔记！

嵇康不仅帅气，还有才，诗琴信手拈来。而阮籍可谓是团内态度担当，面对功名利禄，不贪！面对世俗礼教，不循！面对指指点点，不理！凭借"三不"真理，也吸引来一波死忠粉，陶渊明、李白都在其中。

★ 怼天，怼地，就不怼你

作为同团出道的流量红人，两人没有背地互踩，而是建立起了金刚石般的革命友谊。作为态度担当的阮籍，为保住个人形象，遇见不爽的人或事就是杠，但假如遇到胳膊拧不过大腿的时候，他就醉酒糊弄了事。

他有一项绝技——遇见不爽的人，翻白眼！在母亲的丧礼上，他对那些在朝为官的人就死命翻白眼，但看到带着酒、抱着琴而来的嵇康老弟，立马"垂青"，热切相迎。

两人兴趣取向基本相同，醉酒后，就爱侃大山、侃道家、侃诗、侃音乐、侃养生之道、侃修仙之术……越侃越投缘，说是情同手足也不为过。

★ 论躲避入仕的 N 种方法

魏晋暗潮涌动，政局混乱，人人挤破脑袋都想在曹氏集团或司马集团求得一份 Offer。这哥俩反其道而行，却想着各种方法躲 Offer。

司马集团大礼聘请嵇康当幕府属官，他就拍拍屁股躲到河东郡去了。一计不成，司马集团派了嵇康头号迷弟钟会前去劝说，嵇康也对他全盘免疫。最后，司马氏使用绝招，请他的好友山涛出面，嵇康心头一横，写下《与山巨源绝交书》：想让我上班，连朋友都没得做！

与山巨源绝交书（节选）

[魏]嵇康

吾新失母兄之欢，意常凄切。女年十三，男年八岁，未及成人，况复多病。顾此悢悢①，如何可言！今但愿守陋巷，教养子孙，时与亲旧叙离阔，陈说平生，浊酒一杯，弹琴一曲，志愿毕矣。

相较于嵇康的伤敌一千，自损八百，阮籍就滑头许多。面对曹氏连发的两份 Offer，阮籍连装两次病并连回两封辞职信——《辞蒋太尉辟命奏记》和《辞曹大将军辟命奏记》。司马氏则打起了感情牌，想用联姻逼他入仕，阮籍则干脆醉倒，一醉醉了 60 天，让图谋直接黄掉！

注释：①悢（liàng）悢：悲恨。

· 先秦至隋卷 ·

★震惊！嵇姓和阮姓男子的癖好……

嵇康不入官场，就要自己谋生。他将自己的爱好打铁发展成了主要工作，一到热天，就在柳树下光着膀子热火朝天地干起来。

阮籍的人生可以分为两种状态——酒醉时和清醒时。酒可以贯穿他的一生。司马集团上市后，阮籍后来听说步兵营有好酒，马上毛遂自荐，带薪喝酒，不问世事，后辈尊称他为阮（摸）步（鱼）兵（王）。不过，酒也算没白喝，留下了《酒狂》这一名篇。

难得清醒时,他就爱漫无目的地坐车瞎溜达,走到死路时,就开始大叫大哭,没哭到涕泗横流都不算完!

★ 肉体可逝,风骨永存

曹魏下台,司马当政。司马集团早就看嵇康这匹脱缰的野马不爽,以"言论放荡,害时乱教"为由要处决嵇康,随即行刑。面对如此黑暗的世界,嵇康写下了《幽愤诗》——

幽愤诗(节选)

[魏]嵇康

志在守朴,养素①全真②。

曰余不敏③,好善闇④人。

注释:①素:素质。②真:真性情。③敏:聪慧。④闇(àn):了解。

偶像问斩，千万粉丝示威游行，最后无功而返。在 263 年，为粉丝们奏响人生谢幕曲《广陵散》后，嵇康潇洒离世。

阮籍看着挚友面对黑暗，选择以死相搏，而回望自己，似乎忘记了自己最初的坚守，不再是最初的意气风发的酷男孩。同年冬天，阮籍带着一身魏晋风骨，也随好友嵇康与世长辞。

学霸笔记

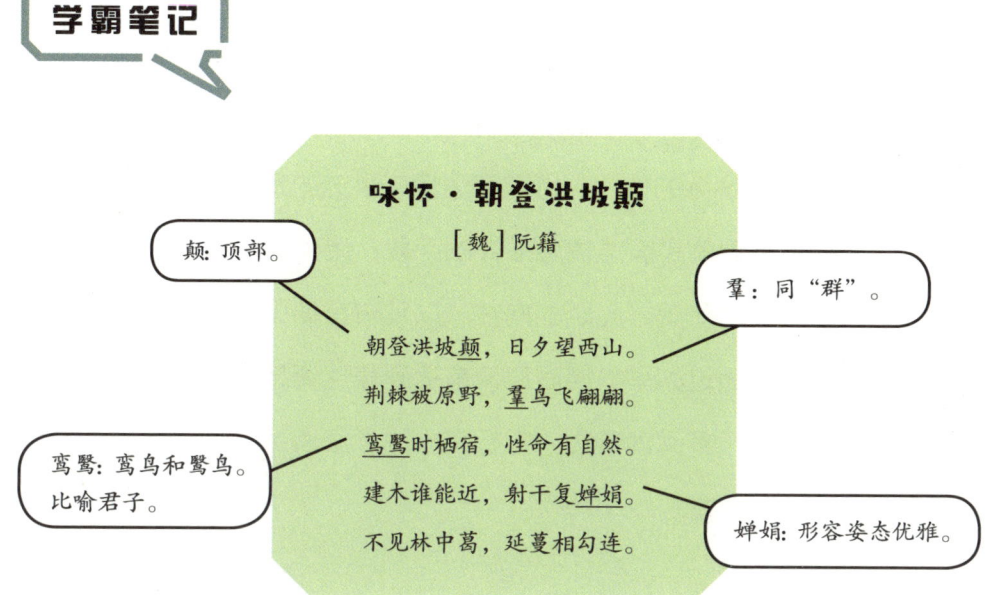

★ 诗歌意象有妙用

本诗是阮籍的《咏怀诗》中的第 26 首。《咏怀诗》组诗共有 82 首，整组诗反映了阮籍面对时局时，内心的痛苦、绝望等情绪，全诗内容深刻，启发思考。本诗写的是阮籍在洪坡顶看到的景象，表达了诗人对现实的痛恨和对光明的向往。

在我们的诗歌学习中，常常会提到意象这个词。在诗人想要含蓄且具体地表达内心情感的时候，往往就会将情感寄托于事物上。"意"，就是情感。"象"，就是寄托物。

本诗中的意象丰富，有鸳鹭、建木、射干、葛、蔓等。

意象有渲染气氛和营造意境的作用。诗中有"鸳鹭"，这两种鸟都是用以比喻君子的鸟；有"建木"，是只长在高处的神树；有"射干"，是对人有益、姿态优美的草药；没有"葛""蔓"这些相互勾连、攀附的植物。洪坡上，作者只看见了美好的事物，有意营造一种美好的氛围。因此，我们在平常的创作中，可以学习这种方法，当你想要渲染某种氛围，就可以着重列举、描写那些寓意相贴切的事物。

意象也有**表达情感**的作用。诗歌表达情感讲究的是"不着一字，尽得风流"，而使用意象就是表达情感很好的手段。诗人集中描写这些美好的事物，是为了表达出对美好光明的向往，以及对官场见风使舵、苟且偷生小人的厌恶。想要通过列举、描写意象来达到表达情感的作用，就要依靠我们平常的积累了，多阅读诗歌，赏析其中的意象表达了什么情感，然后运用到自己的创作中去。

学霸小剧场

嵇康 & 阮籍讨论组 +关注话题

933 篇内容 · 904.1 万次浏览 · 6270 人关注

组长： 八贤

简介： 不求同年生，但求同年亡。他们出自相同的团体，却有着不同的命运。在他们的人生沉浮中，我们思索着，我们敬佩着，我们赞叹着，我们唏嘘着。

各位请遵守小组发言规则，文明发言。

愿我们一起聊仰先贤，扩知增益。

讨论列表： 最新 / **最热**

1 急求！！！！！！和阮籍、嵇康有关的成语！

回复：和嵇康有关的成语：赴汤蹈火。和阮籍有关的成语：穷途之哭。

2 想深入了解两位大大，求推荐书籍～

回复：《晋书·嵇康传》和《晋书·阮籍传》。

3 传闻阮籍口技了得？求证！谢！

回复：唯阮籍在坐，箕踞啸歌，酣放自若。——《世说新语》
阮籍热爱大啸，还会和音乐相配。

4 黑粉！钟会！压垮嵇康的最后一根稻草！

回复：姐妹，同感啊，看完我整个 emo 了！嵇康大大专心打铁，只是招待慢了些，钟会就怀恨在心。后来，还在司马昭面前说他会危害统治，真是"锅"从天上来！这种黑粉要抵制！

图书在版编目（CIP）数据

爆笑！古代学霸笔记！. 先秦至隋卷 / 何捷主编. -- 北京：中国致公出版社，2023.11
ISBN 978-7-5145-1827-6

Ⅰ. ①爆… Ⅱ. ①何… Ⅲ. ①中国文学－古代文学史－先秦时代-隋代－通俗读物 Ⅳ. ①I209.2-49

中国版本图书馆CIP数据核字(2022)第257666号

爆笑！古代学霸笔记！.先秦至隋卷 / 何捷主编
BAOXIAO!GUDAI XUEBA BIJI!.XIANQIN ZHI SUI JUAN

出　　版	中国致公出版社
	（北京市朝阳区八里庄西里100号住邦2000大厦1号楼西区21层）
出　　品	湖北知音动漫有限公司
	（武汉市东湖路179号）
发　　行	中国致公出版社（010-66121708）
作品企划	知音动漫图书·文艺坊
责任编辑	胡梦怡　雷　琛
责任校对	吕冬钰
装帧设计	王　钰
责任印制	程　磊
印　　刷	武汉精一佳印刷有限公司
版　　次	2023年11月第1版
印　　次	2023年11月第1次印刷
开　　本	710mm×1000mm　1/16
印　　张	7.5
字　　数	76千字
书　　号	ISBN 978-7-5145-1827-6
定　　价	36.00元

版权所有，盗版必究（举报电话：027-68890818）
（如发现印装质量问题，请寄本公司调换，电话：027-68890818）